eビジネス新書

No.357

週刊東洋経済

がん治療の正解

週刊東洋経済 eビジネス新書　No.357

がん治療の正解

本書は、東洋経済新報社刊『週刊東洋経済』２０２０年9月5日号より抜粋、加筆修正のうえ制作しています。情報は底本編集当時のものです。（標準読了時間　１２０分）

がん治療の正解　目次

治療法・予防法は玉石混淆

信頼できる情報で「がん」と向き合う

「お酒を交えながら楽しく情報交換をするのが好きだった。今も仲間が誘ってくれるが、毎回断るのが忍びない」

2020年1月に胃がんの手術をした50代の男性は、長年にわたり企業の広報担当を務め、仕事仲間と会食をする機会が多かった。しかし手術後は、食べられないものがあったり、食べたものが逆流してしまうことがあったりするため、誘われてもつい二の足を踏んでしまう。

未経験者の多くが誤解しがちだが、がん治療は手術をしたらそれで終わりというわけではない。多くの患者は抗がん剤など薬物療法に加え、再発・転移の可能性や後遺症などとの闘いを続けている。それまで寿命など意識していなかった人でも、「5年生存率」を当てはめられ、孤独と不安の日々が続く。

がんを発症していない人も無関係ではない。新型コロナウイルスの影響で検診や検査を控える人が増え、がんの発見が遅れることも懸念されている。

コロナ禍で健康への意識が高まっている。科学的根拠のない医療情報にだまされてはいけない。治療法や予防法が玉石混淆である今だからこそ知っておきたい、がん治療の「正解」をお届けする。

知っておきたい3大治療

がんと診断されたら、誰もがショックを受けるはずだ。これからどんな治療を受けるのか。病気の進行や抗がん剤治療に伴ってどんな苦痛があるのか。あとどのくらい生きられるのか。患者本人もその家族も不安に駆られ、悩みは尽きない。

「がんになっても慌てない」のはもちろん無理だが、がんやがん治療の基礎的なことを知っておくだけで、いたずらに恐怖感を抱かずに済むかもしれない。

がんの治療で知っておきたいことは何か。ここでは、がんをめぐる基礎的な情報のいくつかを紹介したい。

がんは1981年から日本人の死因の首位を占め続けている。現在では生涯のうちにがんになる確率は男性で65%、女性で50%。誰もががんになる時代だ。

ただし治療技術が進歩し、根治の目安とされる5年生存率は全体としては6割を超え、「不治の病」ではなくなっている。とくに早期発見できた場合は、かなりの確率で根治が見込めるようになっている。胃がんや大腸がん、乳がんなどでは、早期である1期(ステージ1)で治療を始めれば、5年生存率は90%を超える。

他方で、自覚症状がほとんどなく発見が遅れがちな肝臓がんや膵臓(すいぞう)がんの5年生存率は50%を切っている。ただし肝臓がんなどは、早期発見した場合の生存率は着実に改善している。現在もさまざまな治療法や検査法が開発されつつある。

ステージ別のがん5年生存率

(%)

	全体	1期	2期	3期	4期
全がん	66.4				
胃	71.4	94.7	67.6	45.7	8.9
大腸	72.6	95.1	88.5	76.6	18.5
肝臓	40.4	60.8	43.9	14.3	2.6
肺	41.4	81.6	46.7	22.6	5.2
乳房(女性)	92.2	99.8	95.7	80.6	35.4
食道	45.7	82.5	50.3	25.3	12.1
膵臓《すいぞう》	9.8	45.5	18.4	6.4	1.4
前立腺	98.8	100	100	100	61.3
膀胱	68.4	87.8	59.2	45.1	19.2
腎臓	80.1	96.0	86.4	74.6	17.5

(注)2010〜11年の診断症例による5年生存率(相対生存率)
(出所)国立がん研究センターがん情報サービス「がん診療連携拠点病院等院内がん登録生存率集計報告書」から主ながんを選んだ

3大治療でがんを攻める

がんの主な治療法には、手術、薬物療法、放射線治療があり、3大治療と呼ばれている。

手術と放射線治療は、局所療法だ。手術はメスや内視鏡を使ってがんを切り取る。放射線治療はがんに放射線を照射して、がん細胞を死滅させる。

それに対して、薬物療法は注射（点滴）や内服によって、血管を通じて抗がん剤を全身に行き渡らせる全身療法だ。

手術は、固形がんの局所治療の中では、最も治療効果が期待できる治療だ。一般的には、1～2期では手術が選ばれ、がんがほかの臓器に転移している場合にはまず薬物療法が選ばれる。ただし、がんの種類によっては、薬物療法の効果が高いため、早期でも薬物療法を優先することもある。

胃がんや大腸がんで、早期に見つかり一定の条件に適合すれば、内視鏡手術が選択肢になる。内視鏡は体をメスで切り開くことがないため低侵襲で、手術後の体への負担が小さく、回復が早いという特長がある。

薬物療法には、大きく分けて2つの目的がある。

1つは手術の前あるいは後に投与して治療効果を上げることで、これは補助化学療法と呼ばれる。

術後の補助化学療法は、リンパ節転移があったり、ほかの臓器に浸潤していたりしていた場合、がんの再発する確率を抑えるために行う。胃がん、大腸がん、膵臓がんでは、術後補助化学療法による生存期間の延長や、5年生存率の向上が確認されている。

もう1つは、進行・再発がんでの治療だ。

進行・再発がんでの薬物療法は、根治的な切除ができないがんや、再発したがんに対して行う。治療の主な目的は治癒ではなく延命になる。そのため、QOL（生活の質）を保つことが重要であり、投与で得られる利点と副作用とのバランスを考慮して、治療方針を決めることになる。

放射線治療は、体を直接傷つけず、臓器をそのまま残したり、臓器の働きを温存できたりするのがメリットだ。治療に用いられる放射線には、X線、ガンマ線、電子線などがあり、一部の施設では陽子線や重粒子線による治療も行われている。

一般的に、放射線治療は手術で切除できなかったがんに、術後に行うことが多いが、頭頸部（とうけいぶ）がん、食道がん、肺がん、前立腺がん、子宮がんなどでは、放射線単独、あるいは薬物療法との併用で、治療効果を上げている。放射線治療を受ける患者の割合は、欧米先進国では50～60％であるのに対し、日本では約30％とまだ低い。

ここでいったんまとめると、3大治療を実際にどう行うかは、主にがんの進行度によって決まる。

1期や2期では、主に局所治療である手術や放射線治療を行い、3期や4期になると、局所治療に加えて全身治療である抗がん剤治療を組み合わせる。4期になると、遠くの臓器（遠隔臓器）に転移があるため、抗がん剤治療が主体になる。がんが再発し遠隔臓器に転移がある場合には、4期と同じように抗がん剤治療になる。

標準治療は最良の治療

がんは基準となる治療法「標準治療」が確立している。

日本医科大学の勝俣範之教授（腫瘍内科医）は、「標準治療は、現時点での最良の治療を意味している。英語のスタンダードセラピーを翻訳したもので、英語のスタンダードには『全員が行うべき優れたもの』のニュアンスがある。『並の治療』ではなく、最高レベルの治療だ」と解説する。

世界中の臨床試験で最も治療効果が高いと認められたのが標準治療であり、日本では健康保険の適用対象になっている。

国立がん研究センターのウェブサイト「がん情報サービス」では、「標準治療とは科学的根拠に基づいた観点で、現在利用できる最良の治療であることが示され、ある状態の一般的な患者さんに行われることが推奨される治療をいいます」と説明されている。

ただし実際のがんの標準治療では、最適解は1つとは限らない。がんの種類やステージ、患者の年齢や合併症の有無など個別の状況によって変わってくる。抗がん剤治療でもその組み合わせはいくつもあり、1つに絞れるわけではない。経験豊富ながん専門医であっても、見解が異なることもある。

標準治療の中で具体的にどんな治療を行うかは、主治医によく聞いて、もしほかの専門医の意見を聞きたい場合にはセカンドオピニオンを求めたほうがよい。

かつては主治医との関係をおもんぱかって、セカンドオピニオンを言い出しにくい雰囲気もあったが、近年では主治医の側も患者の納得を重視し、快く賛成してくれるようになっている。

がん治療の地域拠点である「がん診療連携拠点病院」（全国に約400病院）も、セカンドオピニオンを積極的に引き受けている。

信頼性のレベルを理解

自分や家族ががんだと判明すると、最適な治療法や、いわゆる名医を探してインターネットで情報を収集しようとする。具体的には「○○がん」「治療法」「診断法」「副作用」「予後」など、関連ワードで検索し、病気を知ろうとする。

だが、ここで注意すべきは、ネット上には正しい情報とそうでない情報が混在していることだ。こうした情報の中には、効果のない治療法や食事法を勧めるだけでなく、標準治療を否定するものもある。

一見すると客観的ながん情報を掲載しているサイトのようでも、実は効果のない治療法を行うクリニックがスポンサーになっていて、患者を誘導するためのものがある。医療情報として何が正しいのか。医師でもない限り詳しいことは理解しにくい。それでも、医療情報が科学的な根拠を伴っているかについては、「エビデンスレベル」の考え方を理解しておきたい。

標準治療に採用されるか否かは、どれだけ信頼性の高い研究を行ったかで判定される。信頼性が高いことを「エビデンスレベルが高い」と表現する。

■ 研究はエビデンスレベルが重要

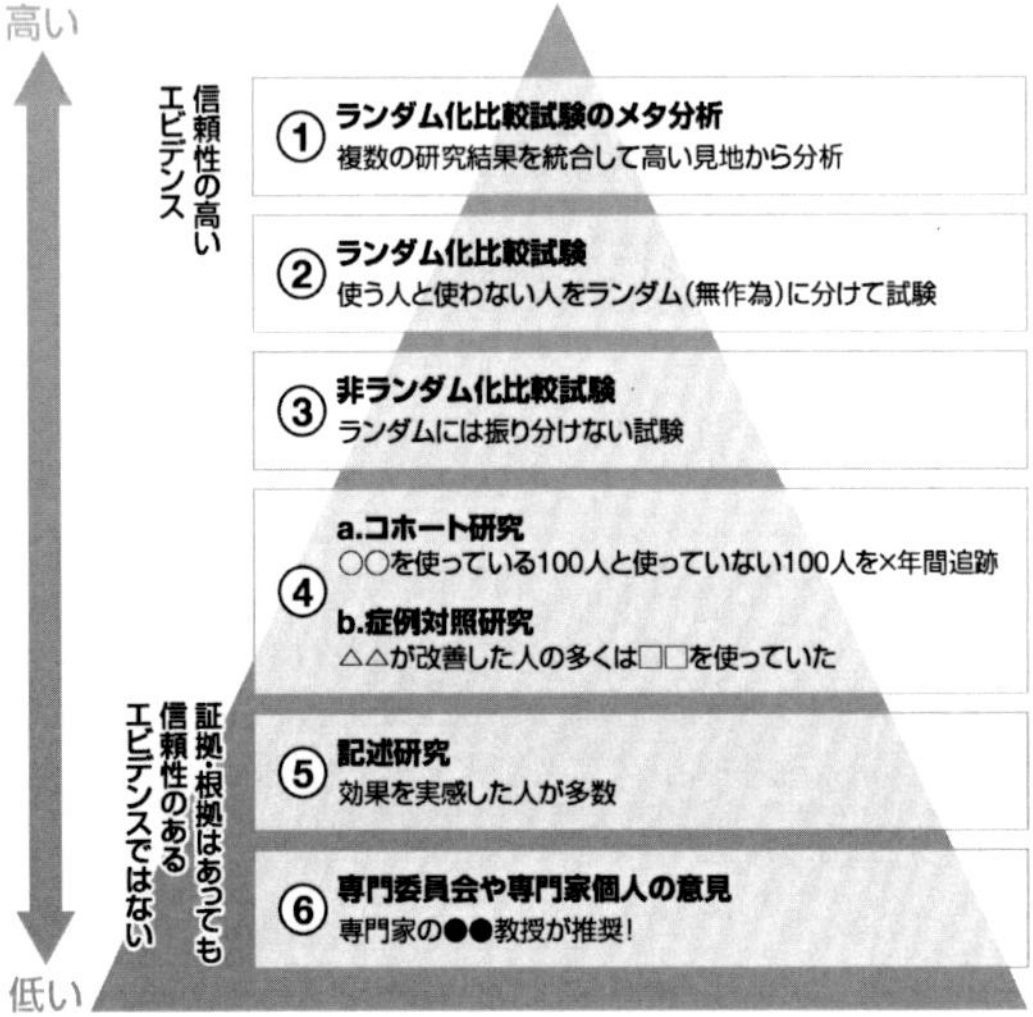

高い
信頼性の高いエビデンス
① ランダム化比較試験のメタ分析
複数の研究結果を統合して高い見地から分析
② ランダム化比較試験
使う人と使わない人をランダム(無作為)に分けて試験
③ 非ランダム化比較試験
ランダムには振り分けない試験
④ a.コホート研究
○○を使っている100人と使っていない100人を×年間追跡
b.症例対照研究
△△が改善した人の多くは□□を使っていた
⑤ 記述研究
効果を実感した人が多数
⑥ 専門委員会や専門家個人の意見
専門家の●●教授が推奨!
証拠・根拠はあっても信頼性のあるエビデンスではない
低い

具体的には、研究（試験）には先の図のような①から⑥ロクまでのレベル分けがある。

②のランダム化比較試験とは、患者を2つ以上のグループに振り分け、その際にコンピューターの乱数表やくじ引きなどの方法を用いて、作為性が入り込まないようにした試験。患者を振り分ける際に偏りが生じないため、客観的に調べることができる。①のランダム化比較試験のメタ分析というのは、複数のランダム化比較試験を統合して、より高い見地から統計的に分析するものだ。これが最も質の高い研究になる。

一方、効果のない治療法を行うクリニックの研究は、⑤の記述研究、あるいは⑥の専門家個人の意見にとどまっているのがほとんどだ。

がん治療の目的は、根治か生存期間の延長だ。エビデンスレベルが低い情報にだまされないように心がけたい。

（長谷川　隆）

標準治療は最高レベルの治療

日本医科大学教授・勝俣範之

誤解されているのが標準治療という言葉。標準治療とは「並の治療」ではなく、日本では健康保険が適用される、最も効果が期待できる「最高レベルの治療」だ。患者さんの中には、「新しい治療法＝優れた治療法」だと思い込んでいる方もいるが決してそうではない。標準治療に組み込まれていない新しい治療法は、「まだよく効くかどうかわからない」レベルなのだ。標準治療は最善治療だと言い換えてよい。

国が定める「先進医療」は、海外や国内の基礎研究、臨床研究である程度効果が認められているが、国が承認して保険適用にするほど信頼性の高いデータが得られていない治療法のこと。臨床試験で効果が実証できれば標準治療と見なされ、保険適用になる。毎年約１００種類が先進医療に指定されているが、そのうち効果が証明されて保険適用になったのは１９９９年から２０１６年の間で１０９種類。全体の約６％にすぎない。先進医療がそのまま標準治療にはならないことがわかる。

腫瘍内科医が少ない

患者さんは病院選びに際して、標準治療を行っているかどうかを見極めてほしい。科学的な根拠に乏しい、怪しいがん情報を発信するサイトではなく、まず国立がん研究センターの「がん情報サービス」などを参照してほしい。国や地域で指定されている、がん診療連携拠点病院で診療を受けるのが賢明だ。そこでは治療方針は複数の専門家が相談して決めている。

日本のがん治療の課題として、抗がん剤治療に当たる腫瘍内科医の少なさが挙げられる。日本では臓器別の診療科が医療の中心にあって、がんでも、診療科が中心的な役割を果たしている。ところが欧米では臓器の専門医とは関係なく、全身を診る腫瘍内科医が抗がん剤を処方する。腫瘍内科の専門医資格を持つのは日本が1300人なのに対し米国では1万7000人。日本のこの数では、まともな抗がん剤治療ができない。欧米では抗がん剤治療を行えるのは腫瘍内科医に限られるが、日本は外科の医師も処方できる。腫瘍内科医の仕組みが定着しないのは、大学の医局制・講座制の名残であろうが、早急に改善する必要がある。

がん患者の痛みや苦しさを和らげる緩和ケアの位置づけについても、改めるべき時期に来ている。

緩和ケアは医療現場でも「終末期医療」「治療を諦めたときに行うもの」と理解されてきた。ところが2010年に著名な医学誌に、緩和ケアには延命効果があることが発表された。通常のがん治療と並行して早期から緩和ケアを受けていた患者は、生活の質が高かっただけでなく、うつ症状も少なく、生存期間を延長することが確認できた。もちろん「治る」ということではないが、抗がん剤と同じように延命効果が明らかになった意味は大きい。メリットが少ない終末期の抗がん剤を減らすこともできる。

今では欧米の医療先進国では、緩和ケアを治療の初期段階から取り入れている。つまり第4の治療法として位置づけているのだ。「治療か緩和ケアか」の二者択一ではなく、緩和ケアは標準治療の1つとなるべきものだ。残念ながら日本ではこの取り組みが遅れている。

（構成・長谷川　隆）

勝俣範之（かつまた・のりゆき）

日本医大武蔵小杉病院（川崎市）の外来化学療法室室長を兼ねる。日本の抗がん剤治療の第一人者。共著に『世界中の医学研究を徹底的に比較してわかった最高のがん治療』。

「ダヴィンチ」の活用広がる

ジャーナリスト・長田昭二

2012年、前立腺がんの手術で健康保険が適用されたロボット手術。その後16年に胃がんの部分切除が加わると、18年には胃がん、肺がん、直腸がん、子宮体がんなど12の疾患が追加された。米社が開発した「ダヴィンチ」がほぼ市場を独占する。

さらに2020年4月には膵頭（すいとう）十二指腸切除術をはじめとする7項目の手術で、健康保険によるロボット手術が可能となった。

ロボット手術は「腹腔鏡（ふくくうきょう）手術と同じ流れの先にある手術」といえる。腹腔鏡手術とは、皮膚に小さな穴を3～5カ所開け、細い棒状のカメラや電気メス、鉗子（かんし）などを挿入し、カメラが映し出す体内の映像をモニターで見ながら操作する術式だ。

手術創が小さいので、従来の開腹手術や開胸手術と比べて術後の回復は早く、手術に伴う痛みの小ささや入院期間の短縮など、低侵襲手術の中心的存在として導入が進んできた。小さな手術創にカメラや器具を挿入して行う手術という点は、ロボット手術も同じだ。しかし、腹腔鏡手術ではメスや鉗子を外科医が直接持って操作するが、ロボット手術ではそれはない。

手術台の上に設置された手術支援用ロボット「ダヴィンチ」から延びる4本のアーム。1本は内視鏡（カメラ）で、残る3本の先端には鉗子や電気メスなどが装着されている。これで切除、剥離、縫合などの処置をするのだ。

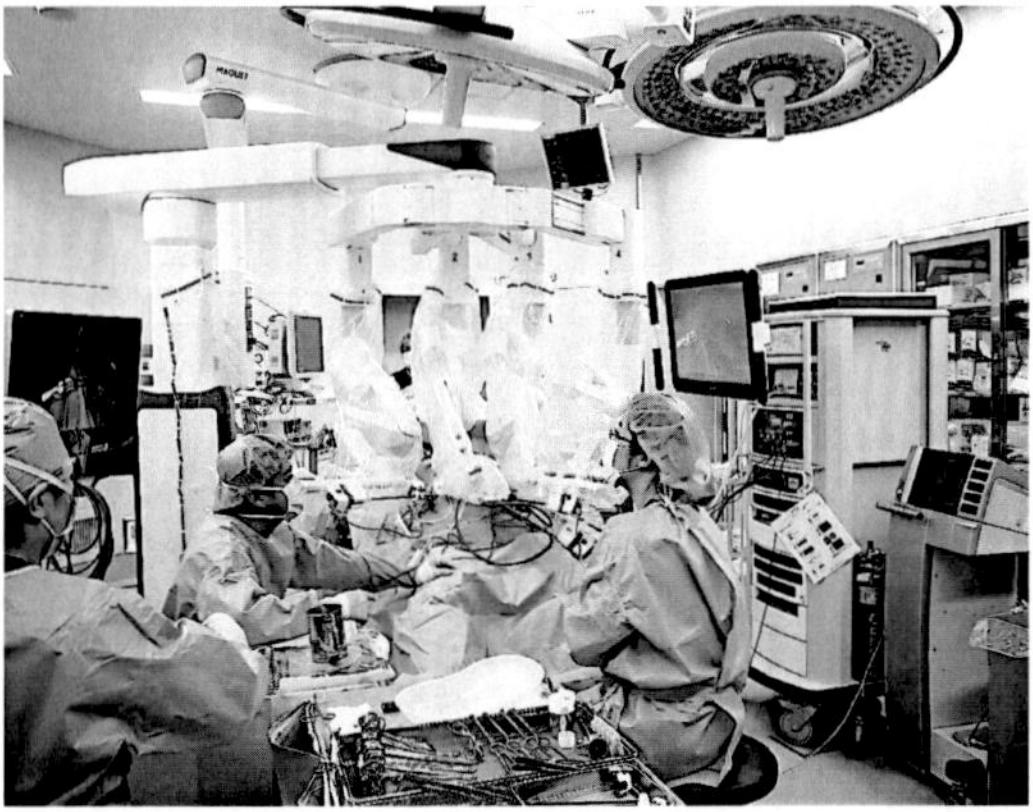

広がるロボット手術。体内の映像をモニターで見ながら操作する

繊細な作業に強み

といっても、ロボットが勝手に動いて手術をするわけではない。アームを動かすのは術者、つまり人間だ。手術台から少し離れた場所にあるコンソール（操縦席）。ここに座った術者の目の前のモニターに、内視鏡が捉える体内の術野が映し出される。術者はその映像を見ながら、マスターコントローラーを操作し手術を進めていく。

ロボット手術のメリットは多い。新東京病院（千葉県松戸市）消化器外科主任部長兼消化器がん腹腔鏡・ロボット手術センター長（上部消化管担当）の岡部寛医師が説明する。

「腹腔鏡と比較して、ロボットは細かい操作が格段にやりやすい。腹腔鏡が1本の〝棒〟なのに対して、ダヴィンチのアームには関節があるので柔軟な動きが可能。また奥深い臓器での操作性にも長けている。微細な操作時には〝モーションスケール〟という機能を使うことで、手元を大きく動かしても、実際に患者の体内の鉗子はほんの数ミリメートルしか動かさずに済む。手振れ防止機能もあるので、繊細な作業になるほど便利だ」

子宮体がんへのロボット手術の症例数で国内首位の倉敷成人病センター（岡山県倉敷市）理事長の安藤正明医師は、小さな臓器を対象とした手術でのロボット手術の優位性を語る。

「腹腔鏡の操作には熟練が求められるのに対して、ロボット手術は外科医が自分の手を患者のおなかの中に入れて操作する構造に近い。とくに前立腺がんや子宮体がんのように比較的小さな臓器を対象とした繊細な手術において、大いに役立つ技術だ」

しかし、多くの利点を持つロボット手術にも、解消しなければならない問題点はある。

ロボット手術のデメリットについて、前出の岡部医師に聞いた。

「最大のネックは、触覚がない点。現状のダヴィンチでは、アーム先端の鉗子で組織をつまんだときに、その硬さや軟らかさを術者が感じ取ることができない。がんに近い部位の組織は、見た目以上にもろく、崩れやすい。腸なども、力の入れ具合を誤ればちぎれてしまう。つまんだときの弾力や思いがけない〝引っかかり〟を指先に感じられる腹腔鏡にはない弱点だ」

同様に安藤医師は、ロボット手術のデメリットとして〝術野の限界〟を挙げる。

「ダヴィンチは〝微細な作業〟に適している反面、〝術野の周辺の情報〟が乏しくなることがある。手術中に、それまで局所的に見ていた術野を一気に広げて全体を俯瞰する必要が生じることがある。こうした動きにダヴィンチは対応できない。したがって、対象範囲が広くて大きな動きを伴う手術には向いていない」

安藤医師は、いま保険診療で認められている手術であれば、ロボット手術でできないこともないが、今後さらに適用範囲が拡大されると、逆に不便な面が際立つ危険性もある、と指摘する。

「婦人科系の領域では、健康保険で認められている良性疾患の子宮全摘や子宮体がんの手術ならダヴィンチの利便性を主張できるが、手術範囲が上腹部まで広がる卵巣がんをロボットで行うとなると、逆に苦労することになるだろう」

保険適用拡大に懸念の声

ロボット手術の保険適用が拡大されることに、現場の外科医、しかも腹腔鏡手術を得意とする医師から懸念の声も聞こえてくる。

岡部医師と同じ新東京病院で消化器外科主任部長兼消化器がん腹腔鏡・ロボット手術センター副センター長（肝胆膵外科担当）を務める本田五郎医師が語る。

「新たにロボット手術が保険適用となった膵頭十二指腸切除術は、開腹手術と腹腔鏡手術を比較すると、明らかに腹腔鏡手術で合併症の発生率が高いことがわかっている。その状況で〝ロボットＯＫ〟となったことで、腹腔鏡手術の経験が浅い外科医がロボット手術に手を出す気配を見せている。これは極めて危険なこと」

腹腔鏡下膵頭十二指腸切除術で国内トップクラスの症例数を持つ本田医師でさえ、この手術で腹腔鏡を選択することには慎重な姿勢を貫いている。そんな難度の高い手術に腹腔鏡の経験の浅い医師がロボットを使って挑むのであれば、患者としては警戒すべきだろう。

安藤医師も言う。

「若い医師にとってゲーム感覚でトレーニングできるロボット手術は、教育ツールとしては優れている。しかし、まずは腹腔鏡の技術を身に付けるべき。それをせずにロボットに行くのは危険だ」

ただ、高額なダヴィンチを導入した施設としては、経営的な側面からダヴィンチの稼働率を高めたいと考える。どうやらここに、落とし穴が潜んでいるようだ。

今回取材に応じてくれた3人の外科医は、自身の施設にダヴィンチはあるが、腹腔鏡手術のほうが安全と思えばそちらを選ぶという。「最新だから安全とは限らない」という点で考えが一致している。

もしあなたが手術を受けることになったとき、医師がロボット手術だけをプッシュしてきたら、いったん冷静になってほしい。そのうえで「腹腔鏡手術ならどうですか?」と尋ね、双方のメリットとデメリット、さらにはその医師の症例数を確認してもいいだろう。

低侵襲手術の双璧を成す腹腔鏡手術とロボット手術。この2つの術式には、現状では一長一短がある。しかし、どちらも今後さらに進化していくことは間違いない。あらゆる情報を吟味し、自分に最適な治療法を選ぶための「正しい目」を持っておきたい。

長田昭二（おさだ・しょうじ）

1965年東京都生まれ。日本大学農獣医学部卒業。新聞社、出版社勤務を経て、2000年からフリー。雑誌や新聞を中心に医療記事を執筆。日本医学ジャーナリスト協会会員。

開発進む大型の免疫新薬

長らく期待されていたがん新薬が、ついに登場した。第一三共が乳がん治療薬として日米で発売した、「エンハーツ」だ。

エンハーツが米国の規制当局から承認を得たのは2019年12月。通常の承認審査には約1年、短期間の承認審査でも半年はかかるところ、申請からわずか2カ月で承認にこぎ着けた。国内でも、およそ半年間の審査を経て20年5月に販売が開始された。

乳がんでは、およそ2割の患者でがん細胞にHER2（ハーツー）というタンパク質が過剰に発現している。そのため外科手術後の化学療法では、HER2陽性の場合、このタンパク質を狙い撃ちして結合できる分子標的薬（抗体）を用いた治療を行う。

今回承認されたエンハーツも、HER2陽性の乳がんが対象だ。臨床試験（治験）では、既存の標準治療薬である「カドサイラ」での治療歴がある患者にエンハーツを投与。60％の患者でがんの縮小効果が見られ、その効果は14・8カ月持続した。

こうして、治験で良好な成績を収めたことが、日米ともにスピード承認となった要因だ。既存の化学療法が効かない、もしくは効かなくなったHER2陽性の乳がん患者にとって、治療の選択肢が増えたことになる。

製薬業界内でも、エンハーツへの期待感は大きい。5年後の売上高は5000億円超、ピーク時には1兆円に迫るともいわれている。売上高1000億円超えが大型薬の目安とされる業界にあって、超がつくほどの大型化が期待されている、〝よい薬〟なのだ。なぜエンハーツは、これほどまでに注目度が高いのか。

同薬は、「抗体薬物複合体」と呼ばれるタイプの薬剤の一種。Antibody（抗体）、Drug（薬物）、Conjugate（接合する）の頭文字を取って、「ADC」と呼ばれている。

ADCとは、名前のとおり「抗体」に「薬物」（従来型の抗がん剤）を結合させたものだ。抗体というのはがん細胞まで届く〝運び屋〟のようなもので、抗がん剤という〝爆弾〟をぶら下げて、がん細胞をピンポイントで爆撃しに行くイメージだ。

2つの薬が同時に作用

［ADC薬］

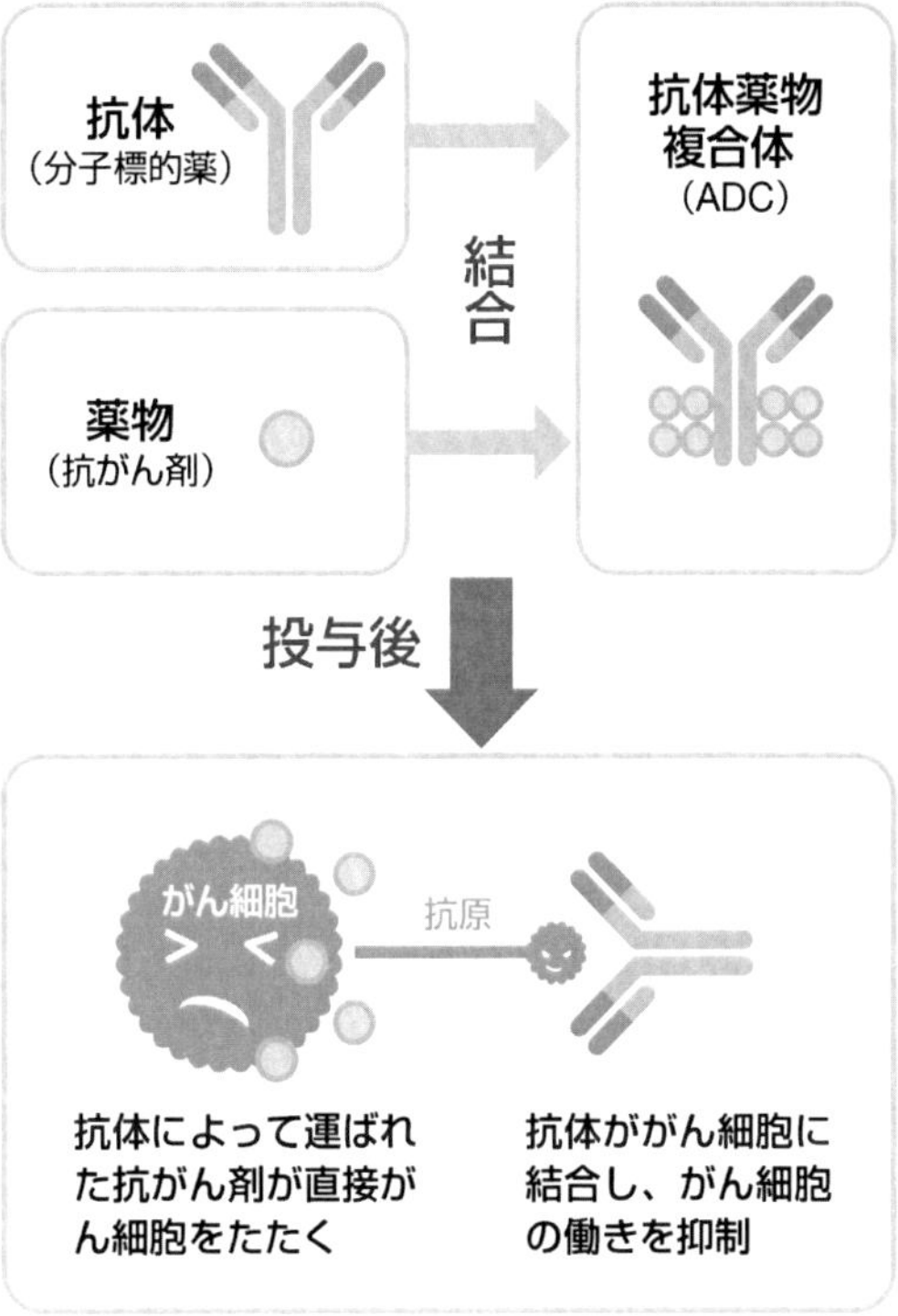

抗体は正常な細胞には発現しておらず、がん細胞のみに発現しているタンパク質に結合できる特長がある。がん細胞の増殖に必要なタンパク質の働きを阻害することで効果を発揮する。正常な細胞には結合しないため副作用が少ないのがメリットだ。ただ、がん細胞そのものを攻撃する効果は弱く、薬効は従来の抗がん剤に劣る。

一方、化学合成で作られた従来の抗がん剤はがん細胞の殺傷能力が高い反面、正常な細胞まで攻撃してしまう。そのため副作用が大きくなってしまうのがデメリットだった。抗体と抗がん剤の組み合わせによって、副作用が少なく薬効の高い、両者のいいとこ取りを目指したのがＡＤＣだ。

カギは、〝爆弾〟としての抗がん剤を〝運び屋〟である抗体がいかに多く、そして安定的にがん細胞まで運べるかにある。理論上は、搭載する爆弾の数が多ければ多いほどがん細胞の殺傷能力は高まるはず。だが、両者をつなぐ「リンカー」が安定しなければ、抗体ががん細胞に到達する前に抗がん剤が体内でぼろぼろと崩れ落ちてしまう。すると抗がん効果が限られるばかりか、強い副作用が起きる原因になってしまう。

その点、エンハーツは従来のＡＤＣとは明確に異なっている。同じ乳がん治療薬で

ＡＤＣであるカドサイラは1つの抗体に対して平均3・5個の抗がん剤を搭載できるのに対し、エンハーツは倍以上である8個の抗がん剤を安定して搭載することができる。

第一三共は、エンハーツの適応がん種の適応拡大も着々と進めている。国内ではまず、ＨＥＲ2タンパク質が過剰に発現している胃がん（全体の約20％）への適応で4月に承認申請しており、年内にも承認される見込み。米国でも、当局と承認申請の協議に入っている。さらに、胃がんのほかにも一部の肺がんや大腸がんでの治験が進んでいる状況だ。

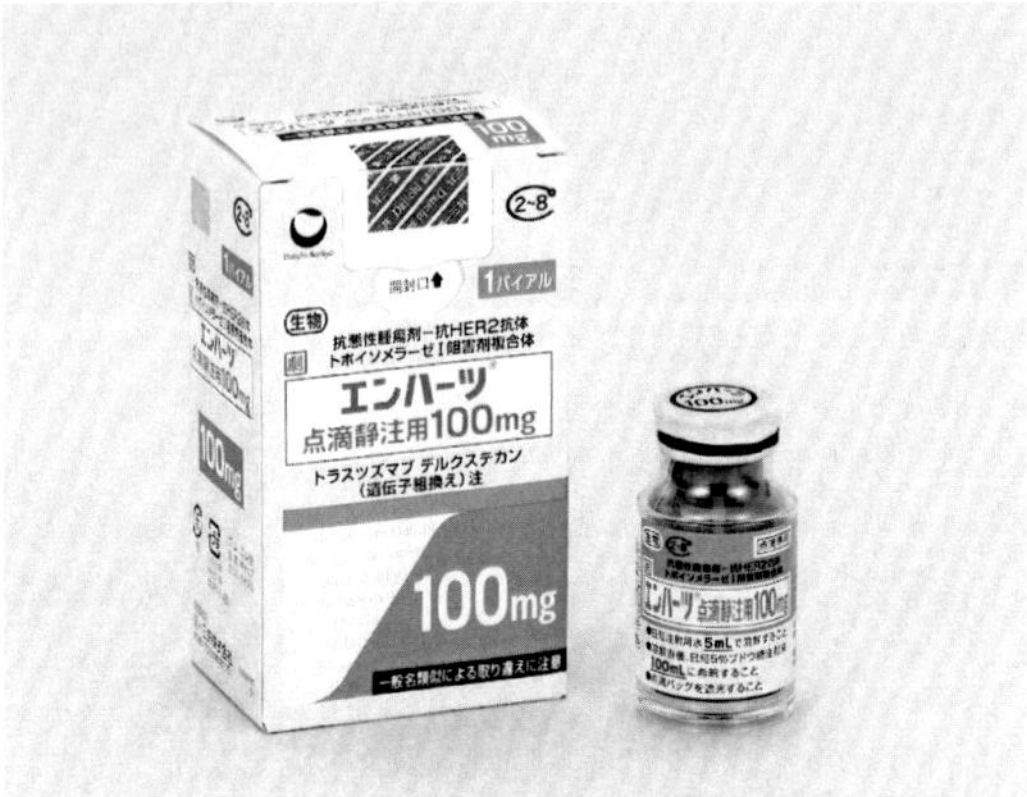

スピード審査で承認を取得した
乳がん治療薬の「エンハーツ」

がん免疫薬も適応拡大

ＡＤＣは技術的には画期的であるものの、がん細胞を攻撃するために抗体と低分子の抗がん剤を組み合わせるという点では、作用メカニズムは従来の化学療法の延長線上にある。

一方で、外科手術、放射線治療、化学療法に次ぐ「第4の治療」として登場したのが、「免疫チェックポイント阻害薬」だ。２０１４年に承認された小野薬品工業の「オプジーボ」を皮切りに、世界中で開発が加速。現在は「キイトルーダ」「テセントリク」など計6製品が承認されている。

免疫チェックポイント阻害薬の作用メカニズムは、従来型の抗がん剤とはまったく異なる。がん細胞は、「免疫チェックポイント」と呼ばれる分子を使って、免疫細胞であるT細胞から攻撃されるのを防いでいる。この分子がT細胞側の分子と結合してしまうと、免疫の働きにブレーキがかかり、がん細胞を殺すという本来の働きをしなくなってしまうのだ。

例えばオプジーボは、Ｔ細胞側の免疫チェックポイントであるＰＤ－１という分子に結合する「抗ＰＤ－１抗体」と呼ばれるもの。がん細胞とＴ細胞の結合を阻害することによってブレーキを強制的に解除し、免疫本来の能力を取り戻して治療を行う。

免疫のブレーキを解除する

[免疫チェックポイント阻害薬]

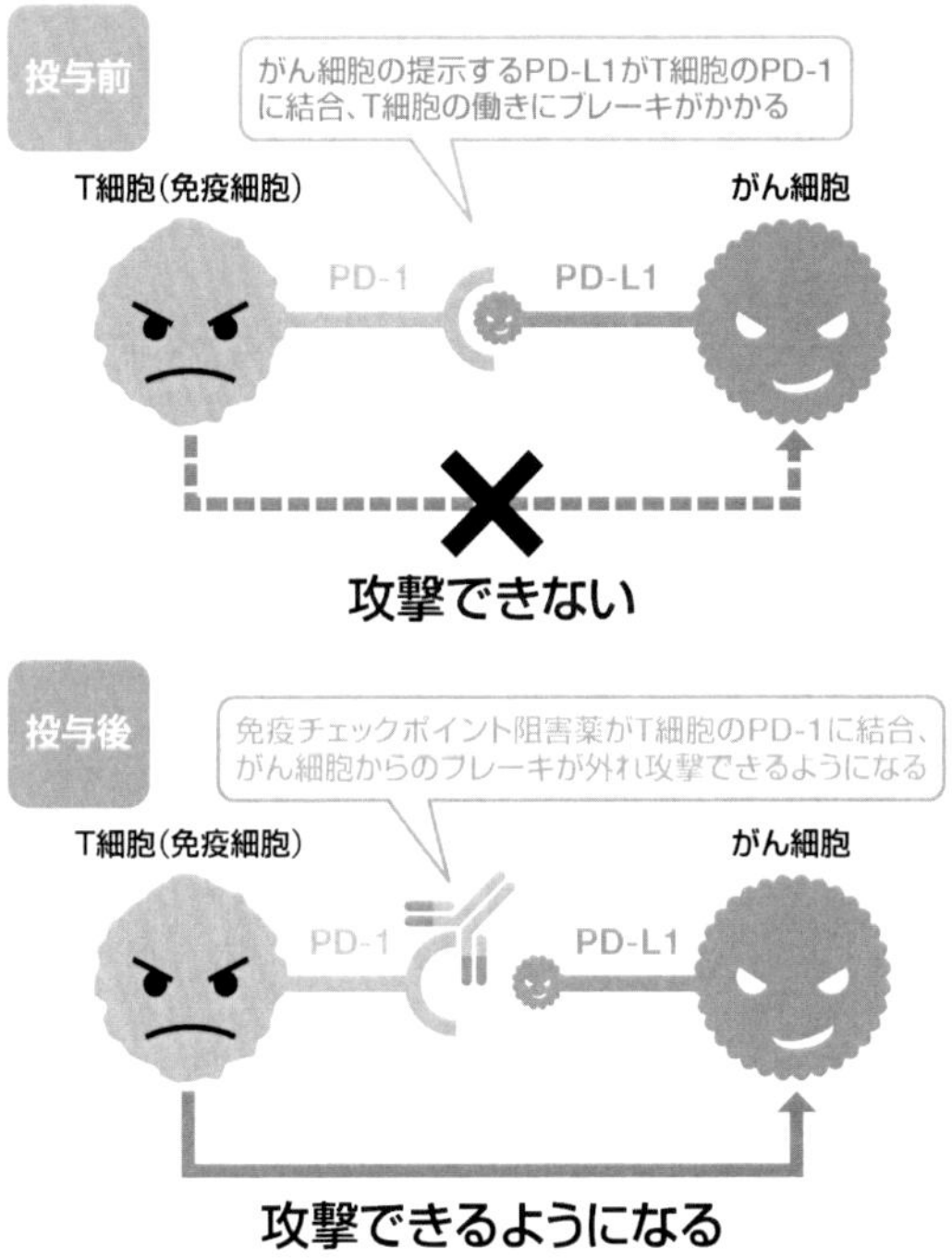

こうした作用メカニズムのため、がんの種類を問わず適応が拡大できると見込まれている。実際に、すでにさまざまながん種で治験が進んでいる。

阻害薬の代表であるオプジーボとキイトルーダを合わせると、一部の肺がん・大腸がんや胃がんなど、とくに患者数の多い複数のがん種に適応が広がっている。オプジーボは5月に胃がんの1次治療で承認申請もしている。それ以外でも、主要ながん種のほとんどで後期段階の治験が同時に進行中だ。

とはいえ、すべてのがん種の患者で免疫チェックポイント阻害薬が効果を示すようになるかというと、ハードルは高そうだ。ヒトの免疫は個人差が大きく、末期がんであっても一部の患者には劇的に効く可能性がある一方、効果が出るのは患者の3割程度にとどまるのが現実だ。

そのため、阻害薬の治療効果が出やすい患者を見分ける指標の開発や、効果を高めるための研究が行われている。ＰＤ－１の発見者である本庶佑・京都大学特別教授は「免疫の働きにはわからないことが多く、改善の余地はまだまだある」と語る。

（石阪友貴）

ウイルスをがん治療に活用

ジャーナリスト・村上和巳

新型コロナウイルス感染症のパンデミックが続く中、世間ではウイルスに対する恐怖感・嫌悪感が増すばかりだ。

だが、この嫌われ者を「薬」にし、同じく多くの人から嫌われているがん細胞を死滅させる試みが進行中である。その名も「腫瘍溶解性ウイルス」だ。

そもそも、ヒトの細胞に感染したウイルスは、自らの遺伝情報をヒトの細胞内に送り込み、その増殖システムを乗っ取って新たなウイルスを生み出す。こうしてできた新たなウイルスは、自分が生まれた細胞から飛び出し、隣接する別の細胞の中に侵入。同じようにウイルスを作り出す過程を繰り返していく。一般的にこの過程は、ヒトの免疫機能が働いてウイルスが排除されるまで続く。

腫瘍溶解性ウイルスはこの仕組みを逆手に取る。病原性を抑えたウイルスが体内でがん細胞のみに感染して増殖するよう、遺伝子の一部を人工的に改変するのだ。これをヒトへ投与すれば、がん細胞に感染して爆発的に増殖し、連鎖的にがん細胞を死滅（溶解）させられるというわけだ。

現在、最も開発が進んでいるのが、東京大学医科学研究所の藤堂具紀教授らの研究グループが作り出し、第一三共と共同で開発する「ＤＳ－１６４７」だ。

ウイルス感染でがん細胞を破壊 ［ウイルス薬］

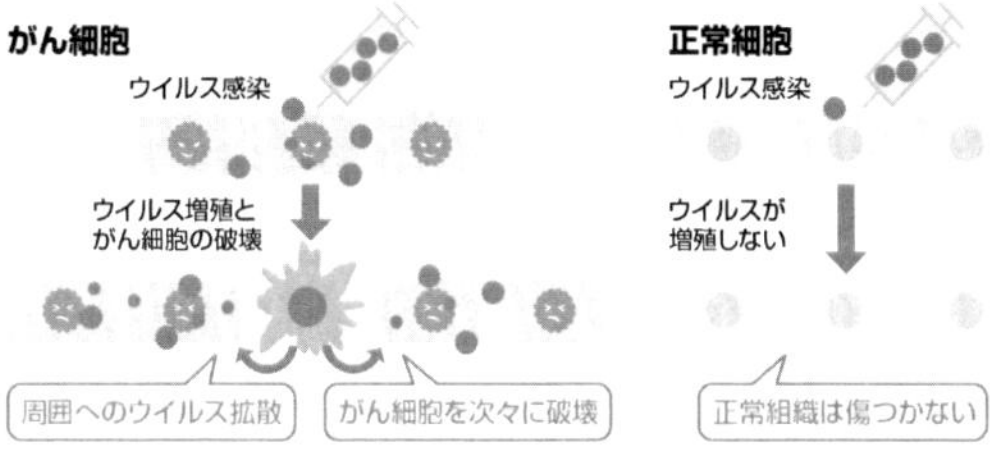

これは、口の周りに水ぶくれを引き起こす口唇ヘルペスの原因となる単純ヘルペスウイルス1型の遺伝子に改変を加えることによって、がん細胞のみで増殖するようにしたもの。かつ、感染したがん細胞がヒトの免疫細胞から異物として発見されやすくなる効果もある。

その結果、DS－1647を投与すると、がん細胞は感染したウイルスの急速な増殖に加え、免疫システムからの攻撃というダブルパンチで死滅する。

現在、DS－1647は脳内のがんである脳腫瘍の中でも、最も悪性度が高い膠芽腫（こうがしゅ）の治療への利用が模索されている。膠芽腫は、患者の5年生存率が8％以下という難治がんである。手術で可能な限りがんを切除後、放射線照射と抗がん剤の併用療法を行うことが標準治療だ。

藤堂教授らは膠芽腫手術後の放射線照射・抗がん剤併用の標準治療にDS－1647を追加した臨床試験を実施。1年後の患者生存率は標準治療を行った群では15％程度だったのに対し、DS－1647を追加すると92・3％と非常に高い治療成績になることを報告している。

治療に伴う副作用は、対象者の90％以上に発熱、50％前後に吐き気や気持ち悪さ、リンパ球の減少が認められたものの、重度なものはほとんどなかった。

また、DS－1647に次いで開発が進んでいるのが、岡山大学発のベンチャー企業・オンコリスバイオファーマと中外製薬が共同で開発する「OBP－301（テロメライシン）」だ。これは風邪の原因となるアデノウイルスの中でも病原性が低いアデノウイルス5型を使う。このウイルスに、テロメラーゼという酵素により増殖機能にスイッチが入る遺伝子を人工的に組み込んだ。

テロメラーゼの活性はヒトの正常細胞の多くでは低く、がん細胞の中では高いという違いがある。そのためOBP－301はがん細胞のみで増殖のスイッチが入る。現在、5年生存率が12％程度とされる手術不能な食道がんに対して、放射線治療と併用する臨床試験が進行中である。

どちらの腫瘍溶解性ウイルスも、画期的な新薬を対象に短期間で優先的に審査を完了する「先駆け審査制度」の対象品目になっている。DS－1647は、患者数5万人未満で開発に当たって助成や優先審査などが受けられる「希少疾病用医薬品」にも指定されている。

また、これらは再生医療等製品に当たる。そのため通常の医薬品と違い、早期ステージの臨床試験で安全性と有効性が確認できれば、条件付きの早期承認制度を利用することも可能である。

もっともこうした製品は、品質が保証された生産体制の確立が大きなハードル。実際、最も先行している第一三共は、製造面で課題が残っているとの理由で、2019年前半に予定していた製造承認申請を延期している。生産体制のハードルがクリアされれば、そこから1年以内に市場に投入される可能性が高いとみられている。

新免疫薬の開発も進む

一方、昨今のがん治療では「免疫チェックポイント阻害薬」が注目を集めている。抗PD-1抗体などが現在の免疫チェックポイント阻害薬の主流だが、がんの特性や免疫の個人差などが影響し、単独投与で効果が出る患者はせいぜい3割程度である。

そこで、ＰＤ－１以外の免疫チェックポイント分子を狙った新たな治療薬の開発も始まっている。

具体的には、免疫細胞であるＴ細胞の表面に出現し、免疫の働きを抑制するブレーキ役となる「ＴＩＧＩＴ」や「ＴＩＭ－３」、Ｔ細胞と同じようにがん細胞を殺す働きをするＮＫ細胞の表面にある「ＬＡＧ－３」や「ＫＩＲ」などがある。

■ **多岐にわたる開発品目** ―治験初期段階の候補一覧―

がん治療薬のタイプ		開発番号	適応症	開発段階	開発企業	提携先
腫瘍溶解性ウイルス		ASP9801	がん	フェーズ1	アステラス製薬	鳥取大学
		TBI-1401	膵臓《すいぞう》がん	フェーズ1	大塚製薬	タカラバイオ
		OBP-301	食道がん	フェーズ2	オンコリスバイオファーマ	中外製薬
		DS-1647	悪性神経膠腫	フェーズ2	第一三共	東京大学医科学研究所
免疫チェックポイント阻害薬	抗LAG-3抗体	ONO-4482	悪性黒色腫	フェーズ1~2	小野薬品工業	BMS
	抗TIM-3抗体	ONO-7807	固形がん	フェーズ1~2	小野薬品工業	BMS
	抗TIGIT抗体	ONO-4686	固形がん	フェーズ1~2	小野薬品工業	BMS
		RG6058	非小細胞肺がん	フェーズ3	中外製薬	ロシュ
			小細胞肺がん	フェーズ3	中外製薬	ロシュ
	抗KIR抗体	ONO-4483	固形がん	フェーズ1	小野薬品工業	BMS

最も先行しているのは、中外製薬の親会社のスイス・ロシュが創出した抗TIGIT抗体の「チラゴルマブ」で、フェーズ3の治験が進行中だ。これまでに、同社が開発した免疫チェックポイント阻害薬「テセントリク」と併用することで非小細胞肺がんでの高いがん縮小効果が確認されている。

また、多くは臨床試験の初期段階ではあるものの、この領域のパイオニアである小野薬品と米ブリストル・マイヤーズ スクイブ（BMS）も、新たな阻害薬を活発に開発している。今後は、チラゴルマブのように既存の免疫チェックポイント阻害薬との併用を軸に、さまざまな固形がんを対象に開発が進んでいく見込みだ。

村上和巳（むらかみ・かずみ）
1969年生まれ。中央大学理工学部卒業後、薬業時報社（現・じほう）に入社。2001年からフリージャーナリスト。著書に『二人に一人がガンになる』（マイナビ新書）など。

重粒子線　飛躍しきれない夢の技術

医薬経済社編集部 記者・槇ヶ垰智彦

「日本発の夢の治療法になる」。約30年間、こうした期待をかけられながら、なかなか飛躍できない技術がある。巨大な装置を用い、外科手術なしにがん細胞を取り除く「重粒子線治療」だ。

光の速さの70%程度まで加速した炭素イオンをがん病巣に集中的に照射することで、周囲の正常細胞へのダメージを極力抑えながら、がん細胞を除去する。類似の治療法に炭素より軽い水素イオンを用いた「陽子線治療」があり、こちらは設備の規模やコストを比較的抑えられる一方、重粒子線のほうがピンポイントに狙った病巣に照射しやすいなどの特徴を持つ。

身体を切らず痛みもなく、高齢者にも行える次世代の技術として、放射線医学総合研究所（放医研）が1993年に世界で初めて医療用の装置を千葉市に建設。国の予算326億円を投じ、10年がかりで縦横120メートル×65メートルに及ぶ巨大な治療装置をつくり上げた。

放医研は翌94年から難治がん治療を開始し、2001年には国内2番目の重粒子線治療施設を持つ兵庫県立粒子線医療センターが開設された。03年には、保険診療と保険外の技術を組み合わせて実施することを認める「高度先進医療」（現在の先進医療）に重粒子線治療が入った。これで3割以下の自己負担で済む保険診療分に、重粒子線治療の費用314万円を追加で支払えば、がんが転移なく1カ所に固まっている場合に、重粒子線治療を受けられることになった。

が、依然として「研究」の域を出ることはなかった。日本では、公的医療保険の適用を受けて初めて「標準治療」の仲間入りとなる。治療後の良好な経過などに関する一定のデータは得られていたが、患者の条件をそろえて厳密に効果を測る研究が難しい、全国の患者が平等に治療を受けられるほどの施設がないなど、さまざまな背景から保険適用の議論は進まなかった。

重粒子線治療は文部科学省（旧科学技術庁）のプロジェクト、保険は厚生労働省の所管で、厚労省は陽子線治療を推進するという縦割りの領域争いも影響した。当時をよく知る重粒子線治療研究者らが「厚労省から嫌がらせを受けてきた」と話す場面は少なくない。

流れが変わったのは、ごく最近になってからだ。２０１０年に群馬大学重粒子線医学センター、１３年に九州国際重粒子線がん治療センター（佐賀県）と、新施設が立て続けに治療を開始した。施設数の増加だけでなく、従来は照射しにくかった身体の動きやすい部位でも適切な照射範囲を高速で捉える「スキャニング照射システム」といった新たな装置も登場。厚労省は重い腰を上げ、１６年４月から「切除ができない骨軟部がん」に限り、保険適用を認めた。確立した治療法がない中で、重粒子線の有効性が示されていた領域だ。

■治療を行える施設は増えている
―国内の重粒子線がん治療施設―

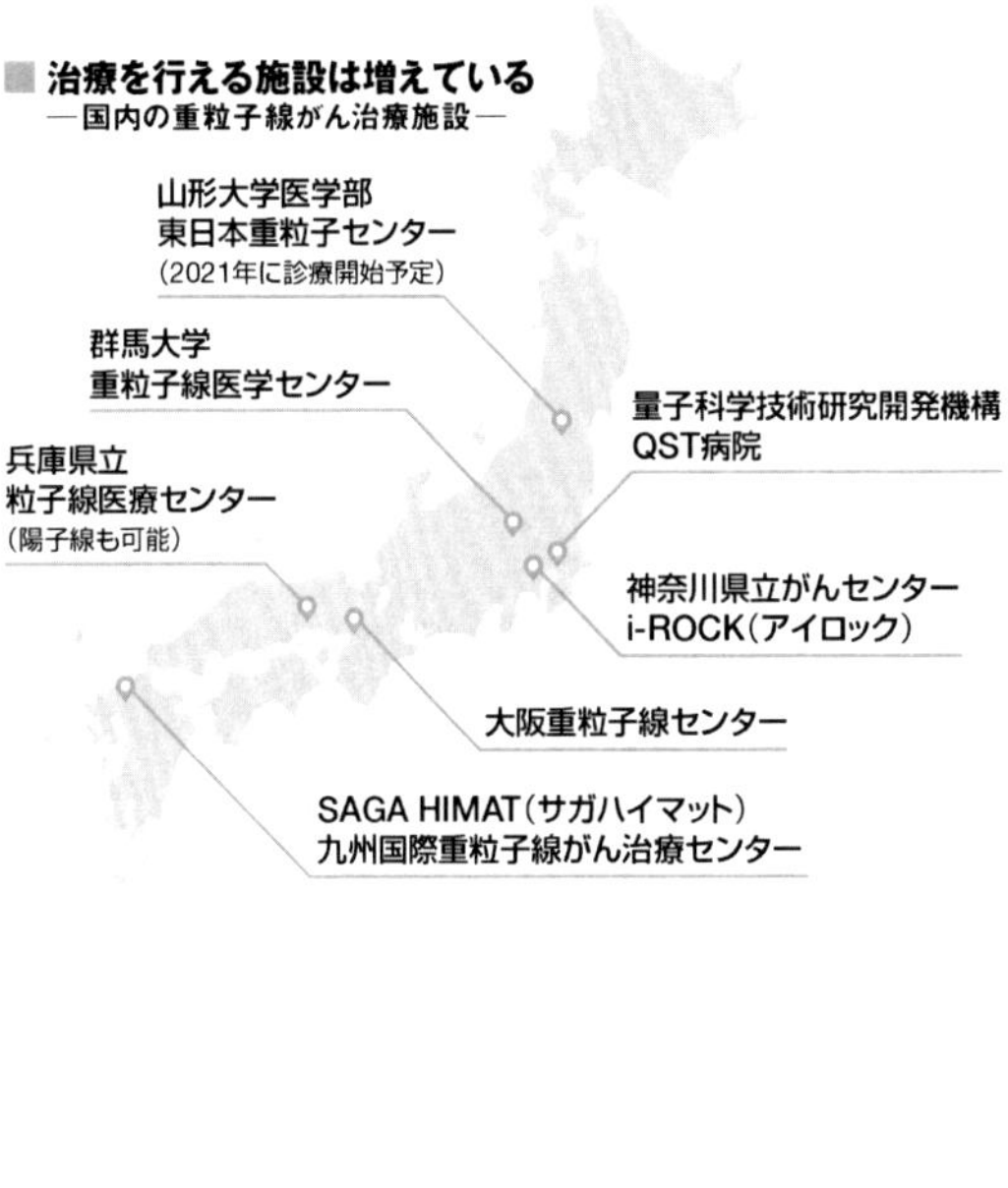

保険が広がるほど赤字

その後、2018年4月には「前立腺がん」と「頭頸部がん」に保険適用が広がった。施設数も、2021年に診療を開始する山形大学を含め7施設まで増加。重粒子線治療を取り巻く環境は、この10年間で一気に進展した。一方、新たな悩みが生じることにもなってしまった。

「先進医療の費用314万円を念頭に収益を想定していたが、保険適用で単価が半分程度になってしまった。20年度はそうとう頑張って実施件数を増やしても数億円規模で赤字。状況はかなり厳しい」

そう話すのは、大阪重粒子線センターを運営するシップヘルスケアホールディングスの担当者。同社は民間企業で初めて重粒子線治療に参画したが、業界の悲願だったはずの保険適用が、逆に誤算の原因となってしまったと語る。

重粒子線がん治療の対象は広がってきた

【従来は保険外の「先進医療」で実施】

先進医療A	先進医療B（施設基準や試験計画をより厳密に定めて実施）
肺・縦隔《じゅうかく》がん、消化管がん、肝胆膵《すい》がん、泌尿器がん、乳腺・婦人科がん、転移性がん（いずれも根治的な治療法が可能なものに限る）	初発肝細胞がん、早期非小細胞肺がん、局所進行膵臓がん、術後再発の直腸がん（骨盤内）

費用はいずれも先進医療分**314万円**（**全額患者負担**）＋診療費や入院費などの保険適用分の1～3割

【近年、国民健康保険の適用が可能に】

保険適用の開始	2016年4月～	2018年4月～	
対象疾患	骨軟部がん（切除できない場合）	前立腺がん	頭頸部がん（口腔・咽喉頭の扁平上皮がんを除く）
保険上の費用	**237万5000円**	**160万円**	**237万5000円**
自己負担額	これらの保険上の費用に診察・検査・薬代などを足した額の1～3割が患者負担分となる。高額療養費制度が適用されるため、実質的な負担額は、収入に応じて「**月約1万～約25万円**」の範囲に収まる		

影響が直撃したのが、18年4月に保険適用された前立腺がんの価格だ。従来の先進医療では1人当たり314万円を確保できていたが、保険が適用されたことで、単価を160万円まで下げられた。

前立腺がんは対象患者数が多く、どの施設でも患者の割合が大きい。大阪重粒子線センターは保険適用後の18年10月に治療を開始した施設だが、「患者の7～8割が前立腺がん。開業前の想定では年間800件の治療で収支が合うと見込めたが、保険適用で1300～1400件を目指さなければならなくなった」（前述の担当者）という。ほかの施設からも「このままだと保険に入れば入るほど赤字になる」といった悲鳴が聞かれる。業界として今後も保険適用の拡大を目指す構えだが、ジレンマもある。

幸か不幸か、20年4月は重粒子線治療の新たな保険適用は認められず、次の機会の22年4月に向けても、X線治療などとしっかり比較したデータを出すよう厚労省の関係会議から課題を突き付けられている。「夢の治療」としての飛躍は、まだまだ遠い状況だ。

槇ヶ垰智彦（まきがたお・ともひこ）

２０１０年医薬経済社入社。薬事や医療保険行政、医療関連の不正に関する調査報道を中心に取材活動を展開。主に日刊紙「リスファクス」や「医薬経済オンライン」の記事を執筆。

近赤外線の照射でがんを治療

光を照射してがん細胞を破壊する——。そんな新しいがん治療法が実用化間近だ。バイオベンチャーの楽天メディカルは20年3月、日米で開発中の「ASP-1929」を、局所再発頭頸部がん治療薬として国内で申請した。国内では早ければ年内にも承認される見込みだ。「光免疫療法」の作用メカニズムを活用した世界初の薬剤だ。

薬剤自体は、頭頸部がんなどの標準治療として使われている分子標的薬(抗体)がベースになっている。この抗体が、まずはがん細胞の表面のみに発現しているタンパク質にくっつく役割を担う。

特徴的なのは、この抗体に「IR700」という化学物質が結合していることだ。

この物質はもともと、道路標識や新幹線などの青色の塗料として使われているもの。本来は水に溶けないこの物質に化学的に手を加えることで、一時的に水に溶ける性質に加工してある。

薬剤を注射すると抗体はがん細胞に結合、ＩＲ７００も一緒にがん細胞まで運ばれる。そして薬剤が到達したがん細胞に向けて、近赤外線を照射する。すると、光を吸収したＩＲ７００が本来の水に溶けない性質に戻る。

この急激な性質変化によって、がん細胞の細胞膜に物理的に傷がつく。細胞膜の破れたがん細胞には組織内の水分が流れ込み、そのまま破裂、死滅してしまうという作用メカニズムだ。

さらに、がん細胞の破裂によって、がん細胞を殺す働きをする免疫を活性化させる効果も確認されている。光のエネルギーによるがん細胞への攻撃と免疫細胞の活性化、どちらの要素も持ち合わせているため、光免疫療法と呼ばれている。

抗体と化学物質が作用
[光免疫療法]

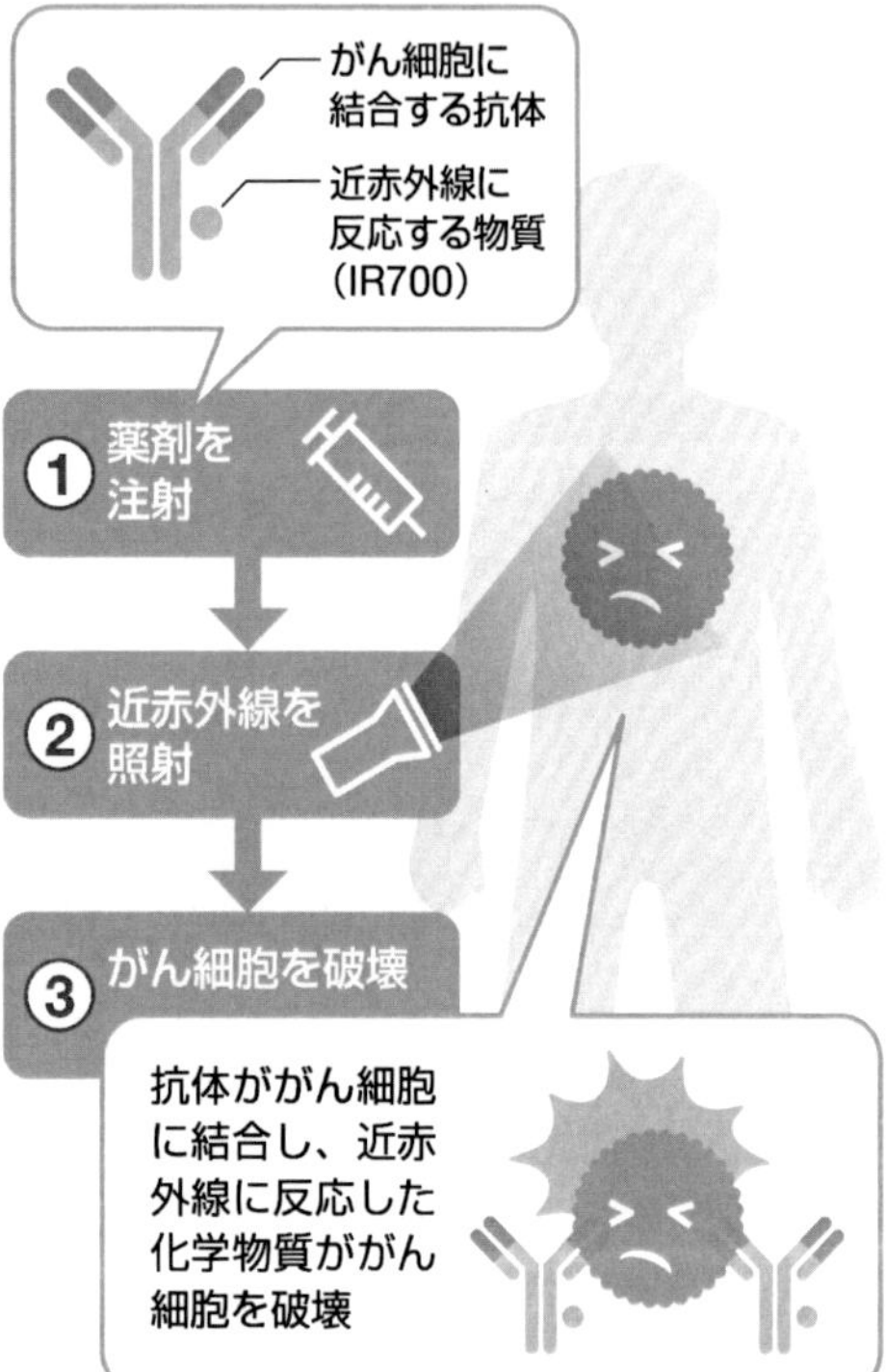

適応拡大にも期待

この技術のよさは、光の照射によって効果のオンとオフを切り替えられる点にある。「毒性がずっとオンの従来の抗がん剤は、どうしても正常細胞にもダメージを与えてしまい副作用が大きかった。オフの状態で投与し、局所的にオンにすることで副作用を大幅に抑えられる」と、この技術を開発した米国立がん研究所主任研究員の小林久隆氏は話す。

２０１９年6月に発表された米国の臨床試験のフェーズ2では、複数の治療歴がある局所再発頭頸部がん患者３０人が対象になった。４人で完全にがんが消え、９人はがんが３０％以上縮小した。

今回の申請は局所再発頭頸部がんが対象だが、ベースの抗体を変えれば、さらに多くのがん種への適応拡大が期待できる。すでに２０種類以上の抗体とＩＲ７００を結合させた薬剤を作成し、研究が進められている。

（石阪友貴）

【胃がん】手術が最も有効な治療法

医療ライター・石川美香子

現在、日本の胃がん患者の6割は早期がんだ。65歳以上の高齢者に多いが、日本の胃がん治療のレベルは高く、標準治療も確立している。胃がんの治療は、がんの進行の程度や体の状態などから検討される。がんの深さが胃の粘膜層および粘膜下層にとどまるのが早期胃がん、粘膜下層よりも深いがんは進行胃がんだ。

患者の年齢や体力、全身状態、本人の希望も考慮し、内視鏡治療、手術、薬物療法など、最適な治療が検討される。近年は早期胃がん患者の多くが胃を切らない内視鏡治療である。国立がん研究センター中央病院の片井均副院長は、「早期がんが増えて手術数自体が減っているが、手術は胃がんでは最も有効で標準的な治療法だ」と話す。

胃がん手術では、がんの場所や広がり方により、胃を部分的に、またはすべて切除する。胃の切除方法には大きく分けて3通りある。胃の出口側を切除する幽門側胃切除、胃を全部切除する胃全摘、胃の入り口側を切除する噴門側胃切除だ。胃がんは胃の周囲のリンパ節にがん細胞が広がりやすいため、胃の切除と同時に決まった範囲のリンパ節も取り除く。

胃切除範囲が広くなると、体重が大きく減少するなど術後のQOL（生活の質）が低下してしまう。男性75歳、女性80歳以上では胃がん手術後に体力が落ち、肺炎など別の病気で亡くなるなど、5年生存率が10％低くなるというデータもある。「患者の高齢化に伴い、術後のQOLを高めるためにも、胃の切除範囲やリンパ節郭清（かくせい）（リンパ節の切除）の範囲を縮小する場合もある」（片井副院長）。

外科手術には、開腹手術、腹腔鏡手術、ロボット手術がある。内視鏡治療がマッチしない早期胃がんでは腹腔鏡手術が増えている。お腹を大きく切って行う開腹手術よりも傷が小さく、術後の痛みが少ないのがメリットだ。

ただし腹腔鏡手術は高い技術力を要するため、経験値の少ない医師ではむしろ合併症が多くなる傾向もあるという。「腹腔鏡手術は技術認定医のいる病院を選べば安心だろう」（同）。

ステージが進行すると、目に見えるがんを手術ですべて取り除いても、微量ながん細胞は残ってしまう。その場合は術後などに化学療法を組み合わせる。標準治療ではないが、手術前に抗がん剤で微量微細ながん細胞を消失、がんを縮小させてダウンステージさせ、根治性の高い、より確実な切除を目指す術前化学療法も増えている。「切除可能限界のがんの術前化学療法はガイドラインでも推奨されており、実施可能な施設では2000年以降はほぼ標準治療」（同）とされる。

胃がんで遠隔転移など切除範囲を超えてがんが広がっている場合には薬物治療を行う。通常1～3種類の抗がん剤を組み合わせ、効果と副作用に注意しながら、治療の継続や抗がん剤の変更も検討しつつ治療が行われる。

近年はハーセプチンやサイラムザなどの分子標的薬やオプジーボなどの免疫チェックポイント阻害剤も登場し、治療の幅が広がっている。「よく効く抗がん剤が増えて、完治は見込めなくても延命は可能なことがある。手術ができないステージ4でも抗がん剤が効いて転移が消え、手術により治る人もまれにいる」(同)。

ただしそうした手術では合併症などのリスクは高まる。そのため「薬物療法後の手術はがん専門病院に任せたほうが安心だ」(同)という。

早期がんは内視鏡治療

がんの深さが粘膜層にとどまり、原則としてリンパ節転移の可能性がごく低い早期の胃がんで、一度に切除できると考えられる場合が内視鏡治療の適応となる。口から内視鏡を挿入し、その先端に付いた器具でがんを切除する。手術と比べると、体への負担が小さく、がんの切除後も胃が残るため、食生活に対する影響が少ない。

内視鏡治療には、高周波のナイフで切り取るESD(内視鏡的粘膜下層剥離術)と、輪状のワイヤーをかけてがんを切り取るEMR(内視鏡的粘膜切除術)がある。

大型の病変も一括切除可能なESDだが、高い技術力を要するため、かつては先進的な病院に限られていた。治療技術やデバイスの進化により、一般病院にも普及が進んでいる。近年、胃がんの内視鏡治療ではＥＳＤの適応が拡大し、２センチメートル以上で潰瘍を伴わない分化型粘膜内がん、３センチ以下で潰瘍を伴う分化型粘膜内がんでもＥＳＤが標準治療となっている。

横浜市立大学附属市民総合医療センター消化器病センターの平澤欣吾内視鏡部准教授は、「２センチ以下の標準的な病変であれば、年間１００例程度のＥＳＤ症例数をこなす病院では安全に治療を受けられると思う。ただし、大きな病変や難しい部位にある場合は、がん専門病院などのエキスパート医師に任せたほうが安心だ」と語る。

年間３００例の胃のＥＳＤ治療数をこなす病院の専門的な医師であれば、１症例平均３０～４０分と短時間で治療し、治癒切除率（病変が一括で完全切除され根治した割合）も８５％以上だという。「内視鏡治療は無理と言われた場合も、がん専門病院でセカンドオピニオンをしてもいい。病院によって治療方法の判断は分かれる」（同）。

内視鏡治療でも、ＥＳＤは５～７日の入院治療が基本だ。ＥＭＲでは基本的に外来での治療が多いが、高齢者や併存疾患のある患者では入院する場合もある。内視鏡治療は手術よりリスクは低いものの、出血や穿孔（せんこう：穴が開くこと）などの合併症も3〜5％程度ある。

内視鏡は術前診断のツールとしても用いられ、病変を採取して病理検査をしたり、NBI（Narrow Band Imaging）という画像強調技術を用いた拡大内視鏡で腫瘍を見つけやすい波長の光を当ててがんを診断したりする。術前診断で手術が望ましいとされても、術後の病理検査により、ESDで治せたと判明するケースもある。

近年は高齢者の胃がん患者のESD治療も増えている。80歳を超えた患者では、がんが粘膜下層に達しリンパ節転移の可能性がわずかにある場合も、ESDでがんを切除後、追加手術をしない場合もある。「高齢者では術後のQOLを考慮し、根治を目指さない治療も必要。本人や家族と相談し治療法を決めていく」（同）。

コロナ禍で高齢者の胃がん検診率が低下しているが、早期胃がんでも1年で約1割が進行胃がんに進む。内視鏡治療で完治できたがんでも胃切除が必要になる場合や、手術で治療できた進行がんが治せないがんになることもある。コロナ禍でも早期発見・早期治療の重要性を両医師とも強調する。

石川美香子（いしかわ・みかこ）

『メディカル朝日』など医療者向け出版物の編集者を経て、ライターとして『手術数でわかるいい病院』など医療系ムック・書籍の制作に携わる。全国の病院や医師を多く取材。

高い診断力が求められる

【大腸がん】早期がんは内視鏡で切除

大腸がんは20~30代でも発病するが、通常40代から徐々に増加する中高年に多いがんだ。治療はがんの深さや、リンパ節への転移の有無など、がんの進行度(ステージ)によって決まる。診療ガイドラインではステージにより内視鏡治療や手術、薬物・放射線治療などの選択が示されている。早期であれば内視鏡で完全に治療できるため、早期発見が重要だ。

■ **大腸がんの治療の選択**

(出所)「大腸癌治療ガイドライン2019年版」を基に筆者作成

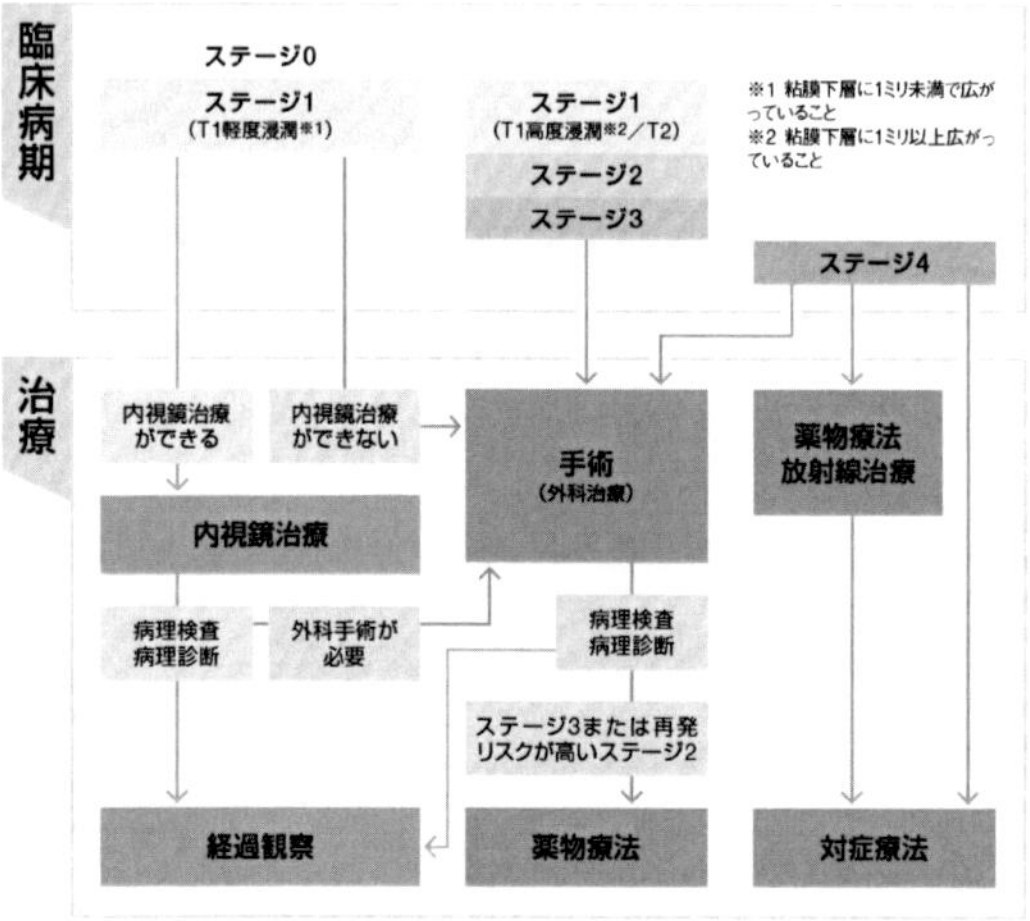

さかもと内視鏡クリニックの坂本直人院長は、「大腸がんは進行しないと症状が出ないことが多いため、便潜血検査や内視鏡検査を定期的に行うことが大切だ」と説く。

大腸ポリープや早期がんの多くは、内視鏡検査で発見される。拡大内視鏡を使用し、特殊光や色素を散布した状態で病変の表面を詳細に見ることで、良性か悪性（がん）か、良性であれば将来的にがんになるか、悪性であれば内視鏡治療が可能かを正確に診断できる。

「大腸は屈曲蛇行しており、ひだも多い。観察すべき範囲が広いため、質の高い内視鏡検査を行うには、高い技術と診断能力が必要になる。患者の負担を最小限にするためには、瞬時に正確に診断し、迅速に治療することも大切だ」（坂本院長）

内視鏡治療が行えるのは、ほかの臓器やリンパ節などに転移していない早期がんに限られる。血管などへの浸潤がなく、がんの深さが浅い（粘膜下層1ミリ以内）ステージT1aのがんだ。それより深いステージT1bは主に手術を行う。

内視鏡切除の方法は、ポリペクトミー（内視鏡的ポリープ切除術）、EMR（内視鏡的粘膜切除術）、ESD（内視鏡的粘膜下層剥離術）の3つだ。大腸がんは主に「腺腫」

という良性のポリープからがん化するものと、正常な粘膜から直接発生するものがある。キノコのように盛り上がった腺腫（良性ポリープ）に対しては、スネア（輪っか状の器具）をかけて焼き切るポリペクトミーを行う。大きさが20ミリ程度までの早期であれば、液体を注入して病変を持ち上げてからスネアで切除するEMRが有効だ。最近ではがんにならないポリープに類似した病変（SSL）が、がん化することもわかってきた。SSLも病変の質に応じて、ポリペクトミーやEMRで切除する。

一方、高周波メスでがんを剥離するESDは大きな病変でも一気に切除できる。ESDは十分な技術を持っている医師は少ないが、「最近では手技の工夫や医療機器の進化で、以前に比べて多くの医師が安全に短時間で治療できるようになっている」（同）。

10ミリ程度までの小さな腺腫に対しては、通電をせずに切除するコールド・ポリペクトミーという方法が有効だ。治療時間も短く、出血や穴が開くリスクも少ないため、急速に普及してきた手法だ。

大腸内視鏡は医師による腕の差が出やすく、同じ病変でも診断や治療方針が異なるケースもある。近年ガイドラインが改定され、血液をさらさらにする抗血栓薬を服用中の患者でも極力服薬を中止せずに内視鏡治療をするようになったが、原疾患、薬剤の種類や数、対象となる病変や切除法などにより服薬の調整が必要となる。

「心配なことがあれば何でも担当医に相談し、納得して検査や治療を受けるとよい」(同)

負担少ない腹腔鏡手術も

内視鏡治療で切除できない進行がんは、手術が有効だ。手術が標準治療となるのは、ステージ1の中でも粘膜から発生したがんが粘膜下層に1ミリ以上広がったもの、大腸の壁で最も深い漿（しょう）膜下層までがんが浸潤しているステージ2、リンパ節転移があるステージ3だ。

手術には開腹手術と、お腹に開けた小さな穴から器具を差し込んで手術する腹腔鏡手術がある。腹腔鏡手術は傷が小さく体への負担が少ないが、医師の技術力が必要だ。一般にステージが上がれば難易度は上がる。

済生会横浜市南部病院の虫明寛行医師は、「腹腔鏡の技術認定医がいて、年間

200〜300症例以上こなしている病院なら安心だ。ステージ3のような進行がんでも、従来の開腹手術に劣らない長期的な治療結果が出ている」。

日本人に多いのは、大腸の中でも肛門近くにある直腸のがんだ。直腸がんの治療は手術が第1選択になる。肛門のすぐ近くにがんがある場合は肛門を一緒に切除して、人工肛門をつくる。手術で根治的にがんが切除できる場合には、肛門を残すことが可能なこともある。肛門を残す場合、再発を防ぐために手術前に化学療法をしてがんを縮小した後に手術することも多い。

最新治療として注目されているのが、「watch and wait」という手術をせずに肛門を温存する方法だ。手術前の化学放射線療法でがんを縮小させ、内視鏡やCT（コンピューター断層撮影）で治療効果を判定。がんが消失していれば、そのまま経過観察になる。

ただ、高齢者は肛門括約筋が弱っているため、肛門を残しても手術後に失禁リスクが高まり生活の質が低下しやすい。

「人工肛門か肛門温存かはライフスタイルに合わせて選択すべきだ。肛門を温存すると排便が頻回になる。頻繁にトイレに行けない仕事など、人工肛門にしたほうがい

い場合もある」（同）
手術ができない遠隔転移があるステージ4の進行がんでは、薬物療法や放射線治療などを行う。薬物療法では、開始前にがんの遺伝子検査を行ってから、使用する薬を決める。大腸がんに効く免疫チェックポイント阻害薬もあるが、現在はキイトルーダのみ。この薬が使える患者はわずか5％程度だ。虫明医師は、安易にインターネット情報などに頼らず、まずは信頼のおける医師にセカンドオピニオンを求めるよう警鐘を鳴らす。
「自由診療でがん免疫療法を扱っている病院もあるが、高額になりやすく、医学的な根拠に乏しいと言わざるをえない」（同）
ステージ4でも標準治療を行っていれば、生存期間中央値で約3年というデータもある。
近年はステージ3での術後の補助化学療法やステージ4の薬物療法を通院で受ける人も多い。「抗がん剤の副作用の吐き気や痛みをかなり抑えられる薬も出ており、仕事を続けながらがん治療をする人も多くいる」（同）。
（医療ライター・石川美香子）

【肺がん】非喫煙者でも油断は禁物

医療ライター・中寺暁子

さまざまながんの中でも、死亡者数が最も多い肺がん。胃がんや大腸がんに比べると、かかった人に対して死亡した人の割合が高く、治りにくいとされる。

肺がんは組織の形態によってさまざまな種類があるのが特徴だ。大きく「腺がん」「扁平上皮がん」「大細胞がん」「小細胞がん」の4つに分けられる。約60％を占めるのが腺がんで、増加傾向にある。

順天堂大学医学部附属順天堂医院呼吸器外科の鈴木健司教授は「肺がんというとたばこが原因と考えられがちだが、腺がんは非喫煙者でもかかる。腺がんは肺の末梢（肺野）にでき、症状が出にくく、見つかったときには肺や脳に転移している場合が多い」と話す。

本来、腺がんは早期に治療できれば治る可能性は高い。ステージ1では、5年生存率が80%を超えている。症状のない腺がんを、早期に見つける方法が検診だ。肺がん検診には主にX線検査とCT（コンピューター断層撮影）検査があるが、CT検査だとX線検査では見つけられない小さながんを発見できる。

米国のヘビースモーカーを対象とした調査では、CT検査を受けたグループは、X線検査を受けたグループに比べて死亡率が20%下がったという結果が出ている。しかし現在日本で40歳以上の人を対象に推奨されているのは、年に1回のX線検査だ。喫煙者はこれに「喀痰（かくたん）細胞診」を組み合わせる。鈴木教授は「早期に見つけるには、非喫煙者でもCT検査を3~4年に1回は受けてほしい」と話す。

一方、腺がんの次に多い扁平上皮がんは、ヘビースモーカーの人がかかりやすい。太い気管支がある「肺門」にできやすいため、比較的早期からせきや血たんなどの症状が出ることが多い。

コロナのリスクが高い

肺がんの治療方法は、「組織型」「病期（ステージ）」「肺機能などの全身状態」によって決まる。組織型については、「小細胞がん」とそれ以外の「非小細胞がん」に分けて考えられている。

小細胞がんは進行が速いのが特徴で、早期でも薬物療法が中心となる。病巣が片側の肺にとどまっているなど「限局型」の場合、薬物療法と放射線治療の併用で根治を望める。

非小細胞がんは、ステージ1から2、または3の一部であれば、肺の一部もしくは片側の肺のすべてを切除する手術が選択される。肺は右肺が3つ、左肺が2つの「肺葉」からなるが、がんのある肺葉と周辺のリンパ節を切除するのが、現在の標準治療だ。

ただし、早期でも肺機能が悪ければ術後に呼吸機能が低下し、寝たきりになる危険性がある。肺がんの人は、ＣＯＰＤ（慢性閉塞性肺疾患）や間質性肺炎などを合併している人が多く、術後に肺機能が著しく低下する危険性がある場合は、早期でも手術ではなく、放射線治療を実施する。つまり、治療法の選択には、術前の肺機能の評価が重要だ。「手術できるかどうかは、合併症に対する施設のキャパシティー、術者の経験によっても左右される」（鈴木教授）という。

最近は手術が可能であっても、手術をしないという選択肢がある。その1つが、手術の代わりに高線量の放射線をピンポイントでかける定位放射線治療（SBRT）だ。「肺癌診療ガイドライン　2019年版」（日本肺癌学会）では、手術を希望しない場合には根治的放射線治療が推奨されている。

また、CT検査ですりガラス状の影が見つかり、早期の肺腺がんと診断された場合は、治療しないという選択肢もある。一般的に進行が緩やかなためだ。

がんの手術後に新型コロナウイルスに感染すると重症化しやすいが、とくに肺がんの術後は呼吸機能が落ちるため、リスクが高い。例えば早期の肺腺がんのように手術を延期しても、その後の経過に影響を及ぼさない場合もあるので、主治医とよく相談したい。

薬の進歩で生存期間延長

リンパ節転移があるステージ3は、手術よりも放射線治療と薬物療法を組み合わせた「化学放射線療法」を実施する場合が多い。

ただし、腫瘍の大きさや呼吸機能によっては放射線治療を受けられない。最近は、化学放射線療法に免疫チェックポイント阻害薬を追加すると治療効果が上がることがわかり、標準化されている。日本医科大学呼吸器内科学の久保田馨教授は、「免疫チェックポイント阻害薬は体力がある人ほど効果が高く、根治を目指せる」と話す。

遠隔転移があるステージ4の場合は、薬物療法が中心となる。「近年、分子標的薬を用いた個別化医療や免疫チェックポイント阻害薬などの進歩により、ステージ4の生存期間は大きく延長されている」（久保田教授）とされる。

中寺暁子（なかでら・あきこ）
健康情報誌編集部などを経て、2000年からフリーに。医療・健康のテーマを中心に、取材・執筆活動を行う。

早期がんへの「縮小手術」が広がる

肺がんの標準的な手術は、がんがある肺葉をブロックごと切除する「肺葉切除術」だ。１９９５年に米国で実施された無作為試験で、肺葉切除術とそれよりも小さく切除する「縮小手術」とを比較したところ、縮小手術では再発率が高くなるという結果が出たためだ。

しかし近年は、ＣＴ検査やＰＥＴ検査の進歩によって小型の肺がんが発見され、当時とは状況が異なる。そこで、２センチメートル程度の小さながんに対しては、肺葉よりもさらに小さい区画に分けて切除する「区域切除」や肺の外側を部分的に切除する「部分切除」などの縮小手術を実施するケースが増えてきている。縮小手術は肺葉切除術に比べてより多くの肺を残せるので、術後の呼吸機能が保たれやすい。

このため、再発率が変わらないのであれば、縮小手術のメリットは大きい。とくに肺機能が低下している人や高齢者には意義がある手術だ。現在肺葉切除術と縮小手術の治療効果（術後の5年生存率と肺機能）を比較する試験が実施されている。結果次第では、早期がんに対しては縮小手術が標準治療になる可能性もある。順天堂大学医学部附属順天堂医院の鈴木健司教授は「肺がん手術において、歴史的な局面になる」と話す。

ただし、区域切除は肺葉切除よりも、手術の難度が高くなる。「がんを取り残さずに、かつできるだけ肺を残すためには、外科医の経験が必要。肺がんの手術を年間200例以上実施している施設だと、安定した治療成績を残せている可能性が高い」（同）。

体の負担が少ない手術には、胸腔（きょうくう）鏡手術やロボット手術がある。肺がんに対するロボット手術は2018年に保険適用となっている。胸腔鏡手術やロボット手術は、胸部に開けた1～2センチの小さな穴に器具を入れて操作するが、肺がんの場合、切除した肺葉を取り出すのに7～12センチ程度は切開する。「小さな穴だけで済むのは、部分切除で小さながんを取り出すまれなケース。その点を誤解している人が多い」（同）点には注意が必要だ。

【乳がん】薬物療法で再発を防ぐ

女性がかかるがんの中で最も多いがんが、乳がんだ。一方、女性の死亡数では大腸がん、肺がん、膵臓がん、胃がんに次ぐ5番目で、比較的治りやすいがんといえる。ステージ1で見つかった人の5年生存率はほぼ100％、2期でも95％を超える。10年生存率も1期では90％を超える。

ほかのがんに比べると、比較的若い世代で発症するのが特徴で、30代後半から増え始め、40代後半でかかる人が多い。

乳がんの多くは、乳汁（母乳）を乳頭まで運ぶ「乳管」にできる。がんが増殖すると、しこりとなるが、自分で触れて気づくことができるのは約2センチになってからが多い。

乳がんは、がんが乳管内にとどまっている「非浸潤がん」と乳管の外まで広がっている「浸潤がん」に分けられる。非浸潤がんを放置すると、がんは乳管の壁を破って増殖し、浸潤がんになる可能性が高い。そして進行すると、リンパ管や血管に入り込み、全身に転移する。

乳がんの治療は、手術で乳房内のがんを取り切ることが基本だ。手術の方法は、がんとその周囲を部分的に切除して乳房を残す「乳房温存術（部分切除）」と乳房全体を切除する「乳房切除術（全摘）」がある。どちらにするかは、がんの大きさや広がり、位置、本人の希望などによって決まる。

部分切除の場合は、手術後に残した乳房に再発するリスクがある。それを防ぐために、手術後の放射線治療が必要だ。

2020年4月に女優の岡江久美子さんが、新型コロナウイルスが原因の肺炎で亡くなり、「乳がん手術後の放射線治療によって免疫力が低下し、コロナが重症化した」といった誤った報道があった。この報道に対し、日本放射線腫瘍学会は「早期乳がん手術後の放射線治療は、体への侵襲が少なく、免疫機能の低下はほとんどない」と表明している。

全摘した場合は、失われた乳房を補うための再建術を受けられる。再建には自分のおなかや背中など「自家組織」を使う方法と人工物の「インプラント」を使う方法とがあり、現在はどちらも保険が適用される。聖路加国際病院乳腺外科の林直輝医長は「根治性と整容性を両立させる手術が確立されてきた」と話す。

さらに術中にリンパ節転移の有無を調べ、リンパ節の余計な切除をなくす工夫も普及している。

手術前の薬物療法も

乳がんは、がん細胞が全身に広がりやすく、手術でがんを完全に取り除いたとしても、小さながんが全身に広がっている可能性がある。このため、浸潤がんの場合は、手術に薬物療法を組み合わせて、再発を予防する。

使う薬は「抗がん剤」「ホルモン剤」「分子標的薬」の3種類がある。がん細胞の性質（サブタイプ）によって、単独、もしくは組み合わせる。

■ **乳がんのタイプと治療法**

サブタイプ	ホルモン受容体	HER2タンパク	細胞の増殖能力（Ki-67）	選択される薬
ルミナールA型	陽性	陰性	低い	ホルモン剤
ルミナールB型	陽性	陰性	高い	ホルモン剤＋抗がん剤
ルミナールHER2型	陽性	陽性	—	ホルモン剤＋分子標的薬＋抗がん剤
HER2型	陰性	陽性	—	分子標的薬＋抗がん剤
トリプルネガティブ型	陰性	陰性	—	抗がん剤

（出所）取材を基に筆者作成

例えば、ホルモン受容体が陽性の「ルミナール」と呼ばれるタイプの場合、ホルモン剤を使用し、さらに核グレード（悪性度）や「Ｋｉ－６７」（細胞の増殖能力を示す指標）、「多遺伝子検査」などで悪性度が高いことが示されれば、抗がん剤の追加を検討する。加えてＨＥＲ２タンパク（がん細胞の増殖を促すタンパク質）が陽性なら、分子標的薬も使う。

乳がんになった人の5年生存率は、２０年以上前に比べると上昇している。「サブタイプ別の薬物療法が普及し、再発を防げていることが、その一因であるのは間違いない」（林医長）。

薬物療法は、手術後に実施するのが基本だが、最近は手術の前に行うケースがある。薬によってがんを縮小できると、全摘の予定だった人でも部分切除できる可能性がある。また、もともと部分切除の予定でも、切除範囲が小さくなり、よりきれいな形で乳房を残せることがある。

サブタイプによっては、薬物療法だけで画像上がんが消失することもある。昭和大学病院乳腺外科の明石定子教授はこう話す。

「HER2タンパクが陽性の人に関しては、完全にがんが消失することが少なくなく、手術は不要ではないかという考えもある。現在、抗がん剤と分子標的薬でがんが消えたように見える場合、手術をせずに生存率を比較する試験が実施されている。症例によっては薬物療法が標準治療になる可能性もある」

遠隔転移がある場合は、薬物療法が中心となる。がんの進行を抑えたり、症状を和らげたりしながら、生活の質（QOL）を保ち、できるだけ長く生きることを目指す。乳がんは再発、転移しても標準治療が確立されていて、サブタイプに合わせて治療を進めていく。「効果が実証された薬物療法によって、再発・転移後も仕事を続けながら元気に長く生きる人もいる」（明石教授）。

（医療ライター・中寺暁子）

予防的な手術も対象

遺伝子検査が保険適用に

乳がんの中には、遺伝性のものがあることが、よく知られている。遺伝が原因となるのは、乳がん全体の5～10％程度。最も多いのがBRCA1、BRCA2という2つの遺伝子変異が原因で起こる「遺伝性乳がん卵巣がん症候群（HBOC）」だ。HBOCの人は、「卵巣がんも発症しやすい」「乳がんは45歳以上に多いが30代の若いうちに発症しやすい」「両側の乳房に発症しやすい」といった特徴があり、血縁関係が近い人の中に乳がんや卵巣がんになった人がいると遺伝性の可能性は高くなる。

HBOCは、血液検査で遺伝子変異を調べることでわかる。自分や家族の発症リスクを予測でき、部分切除が可能であっても全摘を選択するなど、治療の選択にも関わる。

HBOCを調べる検査に2020年4月から保険が適用されるようになった。

保険の対象は、「①45歳以下の発症 ②60歳以下のトリプルネガティブ乳がん ③2個以上の原発乳がん発症 ④第3度近親者内に乳がんまたは卵巣がん発症者がいる ⑤男性乳がん」のいずれかに該当する乳がん、卵巣がん患者だ。

さらにHBOCと診断された人は、乳房や卵管卵巣を予防的に切除する手術にも保険が適用されるようになった。

「がんの発症リスクが高い未発症の臓器も保険で治療できるようになったのは、大きな進歩」（明石教授）

抗がん剤はホルモン剤に比べて副作用が出やすい。サブタイプがホルモン受容体陽性のルミナール型の場合、ホルモン剤に抗がん剤を追加するかどうか迷うケースがある。その場合に判断の決め手となるのが、「多遺伝子検査」だ。検査の結果、再発リスクが高いことがわかれば、抗がん剤を追加する。医療費削減の面からも利点は大きい。

しかし検査は自費のため約20万〜45万円かかる。「本人が納得して抗がん剤治療を受けられるので、精神面のメリットも大きい。多遺伝子検査も近い将来、保険適用されることが期待されている」（明石教授）。

【子宮がん】上皮内ならば子宮を残せる

子宮がんには、子宮の入り口にできる「子宮頸がん」と、奥の子宮体部にできる「子宮体がん」がある。病気の原因や性質、治療はまったく別ものだ。

子宮頸がんは、性交渉で感染するヒトパピローマウイルス（HPV）が原因である。HPVはありふれたウイルスで感染してもほとんどの人は自然に排除されるが、ごく一部の人は感染が持続し、さらにその一部の人ががんを発症する。発症のピークは30～40代で、20代での発症も増えている。

子宮頸がんはがん組織の状態によって「扁平上皮がん」「腺がん」に分かれる。日本大学医学部婦人科学分野の川名敬・主任教授は「8割程度が扁平上皮がんだが、最近は腺がんが増加傾向にあり、腺がんは若い女性に多い」と話す。

子宮頸がんは、検診で見つかりやすいがんの1つだ。早期は自覚症状がないので検診の意義は大きく、成人女性は2年に1回の検診が推奨されている。

がんが表面にある上皮内にとどまっていれば、膣から挿入した器具で子宮頸部を円錐状にくりぬく「円錐切除術」で子宮を残せる。

がんが上皮から奥に浸みだして広がっていると、「広汎子宮全摘出術」などで子宮や周囲の組織、骨盤リンパ節までを切除しなければならない。比較的大がかりな手術で、術後にリンパ浮腫や排尿障害などが起こる可能性がある。

扁平上皮がんのステージ1B~2期は、放射線治療も有効で、国際的な臨床試験では手術と同等の成績だ。国際医療福祉大学病院の竹島信宏教授は「がんの組織のほか、年齢や患者さんの希望などによって個々に判断する」と話す。

3期は放射線治療に抗がん剤を組み合わせた「化学放射線療法」、4期は抗がん剤治療が中心だ。

不正出血は危険サイン

子宮体がんは、女性ホルモンの1つであるエストロゲンの刺激が長期間続くことなどが原因となる。エストロゲンは脂肪から持続的に産生されるため、肥満は子宮体がんのリスクとなる。また妊娠や出産期間はエストロゲンの刺激が抑えられる。このため、子宮体がんは肥満の増加、未婚や晩婚、晩産化などの影響で急増している。発症のピークは50~60代だが、40代での発症も増えている。

竹島教授は、「子宮体がんは早期から不正出血など自覚症状が出やすい。進行して見つかるのは、出血を放置した場合やまれにある特殊組織型の人。出血を放置せずに受診すれば早期で見つかる可能性が高い」と話す。

早期に治療できればほとんどの人が治る。子宮と卵巣、卵管を切除する手術が基本で、進行症例でも可能であれば手術を検討する。

「子宮体がんは、治る可能性が高いがん。手術の難易度も子宮頸がんに比べて低く、いかに体に負担をかけずに治療するかということが注目される」（川名教授）

その代表が腹腔鏡手術やロボット手術だ。腹部に5～12ミリの穴を開けて手術するので、開腹手術に比べて回復が早い。どちらも早期は、保険が適用され普及している。

子宮体がんは手術成績がよく、進行期の薬物治療はあまり注目されてこなかった。だが最近はさまざまな臨床試験が行われている。

(医療ライター・中寺暁子)

脂肪肝由来の患者が増加

【肝臓がん】小さければ切除で根治できる

肝臓がんの95%は肝細胞ががん化した「肝細胞がん」で、残りの5%は肝臓の中を通る胆管ががん化した「肝内胆管がん」である。2つは治療法も異なるため区別されている。

肝細胞がんは、B型やC型の肝炎ウイルスによる感染が長く続き肝細胞の炎症が続いたことによって遺伝子が変異するために発症する。肝炎や肝硬変などの慢性肝疾患を伴っていることが多い。

国立がん研究センター東病院、肝胆膵内科長の池田公史医師によると、近年は肝炎ウイルス感染由来の患者が減少傾向にあり、脂肪肝を伴っている患者からの発症が増えているという。

「B型、C型の肝炎ウイルスは、ウイルスの排除や増殖を抑える薬を用いた抗ウイルス療法でかなりコントロールできるようになった。その代わり、非アルコール性脂肪肝炎からの肝臓がんが目立つ」（池田医師）。非アルコール性脂肪肝炎は、肥満（とくに内臓脂肪型）や糖尿病、脂質異常症などが原因とされている。

「肝臓がんの患者の多くは慢性肝疾患を抱えているため、治療の選択も、がんの進行具合だけでなく、肝臓の機能がどのくらい保たれているか、肝予備能も考慮する必要がある。その点でほかの臓器のがん治療とは違ってくる」

根治性の高い肝切除

肝臓がんの治療には、肝切除、穿刺（せんし）局所療法（がんを凝固させるラジオ波焼灼療法など）、肝動脈化学塞栓療法（肝動脈に塞栓物質を詰めて血流を止めて、がんを死滅させる治療法）などがある。

肝臓の状態やがんの進行具合によっては、分子標的薬を用いた薬物療法や肝移植、放射線治療なども候補になる。

肝臓がんの進行度は、がんの大きさや個数、門脈や肝静脈といった肝臓内の血管への進展具合やほかの臓器への転移の状況などによって決まる。これに肝予備能を考慮して、治療方法を選択する。

肝予備能がよく、がんが肝臓にとどまっており、3個以下、3センチまでならば、肝切除が標準治療だ。がんとその周囲の肝臓の組織を手術によって取り除くので、根治性が高いのが特徴だ。近年では、数カ所に小さな穴を開けて行う腹腔鏡手術も増えている。

また穿刺局所療法として、ラジオ波やマイクロ波による焼灼療法もある。皮膚の上から特殊な針を差し込み局所的にがんを焼き固める治療法で、電子レンジと同様の原理である。2017年に承認された次世代マイクロ波機器では、より短時間に広範囲を焼灼可能だ。穿刺局所療法後に補助化学療法を組み合わせる治療も注目されており、臨床試験が行われている。

がんが多発している患者には、肝動脈化学塞栓療法も有効だ。単発で巨大ながんでは、先進医療として陽子線などを使った放射線治療も候補になる。痛みもなく副作用も少ないが、高額になりやすい。

肝臓がん治療でとくに進歩しているのは分子標的薬だ。「ネクサバール」に続いて、2017年に「スチバーガ」、18年に「レンビマ」、19年に「サイラムザ」が肝臓がんに使えるようになり、現在、使える分子標的薬は4薬ある。臨床試験の結果がよければ、今後さらに承認される見込みだ。

「肝切除手術が困難な場合、入院が不要または短期間で済む手術以外の治療をまず行うことも選択肢の1つ」（池田医師）という。


（医療ライター・石川美香子）

「異常なし」でも安心は禁物

がん検診は信頼できるのか

ジャーナリスト・岩澤倫彦

「新型コロナウイルスの感染拡大によって、がんで死亡する人が増えるかもしれない」医療関係者たちの間で交わされていた話が、現実味を帯びている。全国のがん検診が休止を余儀なくされ、ようやく再開しても、受診者は例年の半分程度。このまま検診の受診率が低迷していると、がんを早期発見して治療するタイミングを、逃してしまう可能性があるからだ。

ここで注意したいのは、国が推奨する「対策型がん検診」は、集団での死亡率を下げることが目的である点だ。コストや効率性も要求される。各個人のがんを発見する、という意味では、検査の精度は決して高いとはいえないのだ。

■主ながん検査と国の推奨度

	検査	死亡率減少の効果	対策型検診（住民検診など）	任意検診（人間ドックなど）
胃がん	・胃X線	○	推奨する	推奨する
	・胃内視鏡	○	推奨する	推奨する
	・胃がんリスク層別化検診	×	推奨しない	個人の判断で実施可
大腸がん	・便潜血検査	◎	推奨する	推奨する
	・全大腸内視鏡 ・S状結腸内視鏡 ・注腸X線	△	推奨しない	条件付きで実施可
肺がん	・胸部X線 ・喀たん細胞診	○	推奨する	推奨する
	・低線量CT	×	推奨しない	個人の判断で実施可
前立腺がん	・PSA	×	推奨しない	個人の判断で実施可

◎ 証拠が十分ある　○ 相応な証拠がある
△ 証拠はあるが、利益と不利益が同程度
× 証拠が不十分

（出所）厚生労働省の資料を基に東洋経済作成

肺がんや胃がんの一般的な診断では、原寸大のフィルムにX線画像を撮影する。一方、対策型検診のX線画像は、10センチメートル×10センチメートルのサイズに縮小した状態で、ロールフィルムに撮影する。コストや効率性を優先した結果だ。このX線画像から、がんの疑いのある箇所を見つけ出す「読影」という作業を行う。

胃がんのバリウム検査は、1人8カット撮影する。1回の読影で100人分を超すことも珍しくないから、全800カットという膨大な画像データになる。これを流れ作業で読影するので、当然、ミスが起こりやすい。2人の医師が読影するダブルチェックが基本だが、見落としがたびたび起きて、問題となっている。

「ほかの人には、自分と同じ思いをしてほしくない」。毎年欠かさず職場の肺がん検診を受けながら、進行がんが見つかった男性は、遠くを見つめながら語った。取材から7年後、彼は家族に見守られて自宅で息を引き取った。

国が推奨する肺がん検診は、胸部X線検査。ヘビースモーカーには、喀痰検査が加わる。X線検査では真正面から撮影するため、肺全体の3分の1が、心臓や肋骨などに重なる。この死角にがんがあると、Ｘ線画像では発見できない。１０センチ四方のＸ線フィルムに撮影することから、２センチ以下のがんを識別するのは困難だという。

他方、胴体をらせん状に輪切りにした画像を撮影するＣＴ（コンピューター断層撮影）検査は、死角もなく、１センチ程度の早期がんでも発見可能だ。２０１１年に公表された米国の研究では、約５万３０００人の喫煙者をＣＴ検査とＸ線検査の２グループに分けて追跡。ＣＴ検査のほうが、２０％死亡率が減少した。

日本でも自治体や企業の一部はＣＴ検査を導入したが、国は肺がん検診として推奨していない。

リスク高いバリウム検査

バリウム検査を受けた5日後、関東在住の５０代女性は経験したことのない激痛を感じ、救急車で近くの病院に搬送された。

事情を聞いた担当医はＣＴ検査を行うと、女性にこう告げた。「大腸に〝バリウム便〟

がたまっているので浣腸します」。処置が終わると、そのまま女性は帰宅を促された。

その夜、再び激痛が起こり、翌日に家族が別の病院に連れていった。診断は、大腸穿孔（せんこう）による腹膜炎。命に関わる重篤な状態だった。すぐに緊急手術が行われ、女性は人工肛門になった。「事前にリスクの説明は何もありませんでした。もし知らされていたら絶対に受けません」（女性）。

バリウムが腸壁に固着して穴が開く事故は、最大で年間70件を超す。最大手のがん検診団体・日本対がん協会グループでは、18年度のバリウム検査人数が、前年比9万人減となった。

2015年からは、国が推奨する胃がん検診に内視鏡検査が加わった。胃がんの発見率は、バリウムよりも内視鏡のほうが3倍も高いとされる。口から入れる内視鏡検査は嘔吐反射が起きて、二度とやりたくないという人も多いが、鼻から入れる経鼻内視鏡なら嘔吐反射が起きづらい。

ただし、内視鏡検査にもリスクはある。日本消化器内視鏡学会によると、食道などを穿孔させた偶発症は、2008年からの5年間で26件発生していた。一方、同時期の5年間にバリウム検査で起きた穿孔は225件（筆者調べ）である。

胃がんの主原因は、胃に寄生するピロリ菌。そこで、まず先にピロリ菌の有無や胃の状態を調べて、内視鏡検査につなげる「胃がんリスク検査」（通称・ABC検診）が開発された。導入した自治体や企業では、胃がんの早期発見に効果を上げているが、まだ国は胃がん検診として推奨していない。

便潜血法の落とし穴

がん死亡者数2位の大腸がん。国が推奨する検診の「便潜血法」は、世界各国で有効性があると評価されている。検査のリスクもほぼゼロだ。とはいえ、がんを見つける感度は45％しかない。実際に大腸がんがあっても、約5割の確率で見つからないのだ。

それでも、便潜血法が有効だとされるのは、大腸がんの進行スピードが比較的遅いからだ。便潜血法で大腸がんを発見できる段階になってから、進行がんに移行するまで5〜7年かかる。理論上、便潜血法を5回行うことが可能なので、早期にがんを発見できるというわけだ。たとえ便潜血法の検査結果で異常なしという通知が届いても、安心すべきではない。約5割の確率で外れているからだ。

ちなみに、肛門から入れる大腸内視鏡の感度は95%。米国の学会では、10年に1回の検査を推奨している。まれに、腸壁に穴を開ける事故が起きるなどのリスクはある。

PET検診の現実

「1回の検査で、全身の隠れたがんを早期発見できる」。こんなキャッチコピーで、PET（陽電子放射断層撮影）検査によるがん検診が普及している。費用は10万円〜20万円超。臓器別の検査が1回で済むとあって、人気は高い。

PET検査は、がん細胞がブドウ糖を取り込む性質を利用して、受診者に微量の放射性物質を付けたブドウ糖の薬剤を注射、PETカメラで撮影する。がんが体内にあれば、薬剤を取り込んで、鮮やかな色に光る。

ただし、日本核医学会のガイドラインには、「頭頸部がん、悪性リンパ腫などの発見には優れている一方、胃、肝臓などの消化器系がんの感度は低い」と記されている。PET検査は従来のがん検診と組み合わせるほうが、患者にとってメリットがあるだろう。

リスクを検討したうえで、最適な検査を選択したい。

岩澤倫彦（いわさわ・みちひこ）

報道番組ディレクターとして「血液製剤のC型肝炎ウイルス混入」をスクープ。新聞協会賞、米ピーボディ賞。近著に『やってはいけない　がん治療』（世界文化社）。

自由診療の効かない治療が野放し

2020年3月、新型コロナウイルスの第1波が始まった時期に、私は1人のがん患者から相談を受けた。ローカルテレビ局・元代表の奥本健氏（70代）は、6年前に大腸がんステージ3で手術。いったん寛解したが、3年後に肺移転がわかり再び手術を受け寛解した。だが20年、肺に影があると診断を受けた。それで自由診療のがん免疫療法を検討しているという。

「2度目の肺への転移ですからもう助からないかもしれない。そこで第4のがん治療といわれている免疫療法に目が向きました。多くの本を読みましたが、その中ですばらしい経歴と実績を持つ、免疫療法の研究者に感銘を受けました。この人が書いているなら、免疫療法は信用できると考えたのです」

その研究者は元東大教授で、メディアにも登場する著名な人物だ。

自由診療の免疫クリニックは、有名大学の元教授やがん専門病院の元関係者などが顧問に就任している。彼らの肩書は、患者に絶大な信頼を得ているからだ。

奥本氏は関西の免疫クリニックを訪ね治療相談をしたが、強い違和感を覚えたという。報道記者だった人らしい職業的直感だった。

「治療効果のエビデンスを聞くと明確に答えず、こんなふうに効いたというアバウトな説明でした。それに治療費が非常に高くて、1クール150万～300万円。とりあえず、がん細胞を冷凍保存しましょうと執拗に勧める姿勢に、強い違和感を抱きました」

奥本氏が訪ねたクリニックでは、「樹状細胞療法」「ペプチドワクチン」「自家ワクチン」などの免疫療法を行っている。患者の血液から免疫細胞を取り出し、増殖や活性化させて体内に戻す免疫細胞療法は、1990年代から多くの臨床試験が行われたが、有効性は証明されていない。

免疫チェックポイント阻害薬の開発でノーベル賞を受賞した、本庶佑氏は次のように語る。

「私は免疫細胞療法をまったく研究していない。単に（免疫細胞の）数を増やすだけでは意味がないし、効くとは思えなかったからだ。長きにわたって効くと証明できなかったものは、効かないと証明されているのに限りなく近い。それで治療するのは極論すると詐欺に近い」

日本では医師の裁量権が広く認められているので、有効性が証明されていない自由診療は違法ではない。だが、効く根拠もなく、莫大な治療費を得るのは、詐欺に近い行為だろう。

自由診療の免疫クリニックに最後の希望を託した患者たちは、治るはずもなく、絶望と後悔の中で亡くなっていく。「無法地帯」と化した自由診療の現場を、私は１０年前から目の当たりにしてきた。

ネット検索のわな

「がん免疫療法」を、グーグルで検索してみた。ヘッドラインに「広告」の2文字があるが、これはすべて免疫クリニックのサイトだ。

検索結果の上位からクリックすることを想定して、「上部の広告枠」は、高額で販売されている。都内の免疫クリニック院長は、こうしたインターネット関連の広告費用に、月間600万円以上かけていると証言した。

4番目の「強調スニペット」と呼ばれる枠をクリックすると、これも免疫クリニックの関連サイト。5番目に、ようやく信頼性の高い「国立がん研究センター」のサイトが表示される。

同じキーワードを検索しても、使用するパソコンやスマホによって表示順位は変わる。検索履歴などが反映される「パーソナライズド検索」という機能の影響だ。

今回の検索では、免疫クリニックを頻繁に調べている私のパソコンを使用した。がん患者に聞くと、同様に免疫クリニックの「広告」が上位に表示されるという。無意識のうちに誘導される可能性があるので、注意が必要だ。

免疫療法に関しては、国立がん研究センターの「がん情報サービス」が、信頼性の高い最新の情報を掲載している。

症例画像には要注意

医療法では、ホームページなどに治療前後を比較した症例画像の掲載を禁止している。だが、「免疫療法で肝臓がんが治った」と称して、都内の免疫クリニックが症例画像を掲載していた。これを国立がん研究センター・がん対策情報センター長の若尾文彦氏に解説してもらった。

「治療前の画像は、造影ＣＴという撮影方法で肝臓がんが見えるが、治療後の画像は写りの悪い単純ＣＴで判然としない。撮影方法が違う画像を比べてはいけない」

このような詐欺に等しい行為が、現在も免疫クリニックのＨＰに見受けられる。

免疫細胞療法の有効性を証明した、という英語の論文を掲載したＨＰもある。若尾センター長に分析してもらうと――。
「掲載されている症例報告の論文は治療の有効性を証明したことにはならない。投稿した学術誌の重要度を表すインパクトファクターは、1～2点台。医学論文としての価値や信頼性は極めて低い」

私の取材経験でいえば、問題のある免疫クリニックには、次のような共通項がある。①無料の説明会や相談会で患者を勧誘、②治療前後を比較した「症例画像」を掲載、③患者の体験談を紹介、④ネット検索上位に「広告」を出す、⑤「どんな種類のがんにも効く」などの虚偽・誇大広告、⑥治療費が極めて高額で保険が使えない。

日本の医療制度では、有効性が証明された最も優れたがん治療が、保険診療で「標準治療」となる。

2年前、下咽頭がんの手術を受けた、日本歯科新聞社の水谷惟紗久氏は、標準治療という言葉が誤解を生んでいると指摘する。

「一般の患者は標準治療を偏差値50とイメージするから、偏差値60や70の治療があると思い、自由診療に引かれてしまうのだろう。そして標準治療が効かなかった患者に対し、医療者は心の平安を与えてきたか、疑問に感じる」

標準治療が効かないと「あとは緩和ケアしかない」と突き放す医師もいるなど、患者に寄り添う姿勢が足りなかった現実もある。だからといって、免疫クリニックが最後の拠り所としてふさわしいとは思わない。副作用などで急変したときの対応を聞いたことがある。

「入院施設がないので、ウチでは対応できません。そうなったときは、救急車を呼んでいただきます」

患者の命に対する無責任な姿勢が、免疫クリニックの本質だ。人生の終わりに行き場を失う悲劇は避けてほしい。


（ジャーナリスト・岩澤倫彦）

「がんと免疫」の深い関係

免疫の働きをがん治療に生かせないか――。こうした、いわゆる「がん免疫療法」の考え方は1970年代からあるものだ。世界中で臨床試験が行われてきたものの、長らく有効性は確認されてこなかった。現在、自由診療で行われているような免疫療法にも臨床試験で有効性が確認されているものはない。

だが近年は従来の免疫療法とは別の、効果が期待できそうな新たなアプローチが多数登場。世界の大手製薬会社によって研究・開発が進められている。

では実際、免疫とがんはどのようなメカニズムで関わり合っているのか。現状では、その関係について何がわかっているのか。ウイルスや細菌に対する免疫反応とは何が違うのだろうか。

そもそも、ヒトの免疫システムには大きく分けて自然免疫と獲得免疫の2つの仕組みが備わっている。ウイルスや細菌などに対する第1のバリアとしてまず働くのが自然免疫だ。

自然免疫は侵入してきた異物に対して素早く反応するのが特長で、異物を食べて殺すことが主な働き。好中球やマクロファージといった細胞が代表格だ。ウイルス感染やがん化した細胞を殺す働きをする細胞もあり、NK（ナチュラルキラー）細胞と呼ばれる。

また、侵入してきた異物の情報を周辺に知らせることによって獲得免疫のシステムが動き出すきっかけをつくるのも、自然免疫の重要な役割である。

この情報伝達の役割を主に担うのが、「樹状細胞」だ。樹状細胞は侵入してきた異物を自身の中に取り込み、目印になる情報を周囲の細胞に知らせる。この目印のことは「抗原」といわれるため、樹状細胞は「抗原提示細胞」と呼ばれることもある。

獲得免疫でがん治療狙う

自然免疫は素早く動く一方で、防御力が強いわけではない。このバリアが突破された場合、樹状細胞からの抗原提示をきっかけに動き出すのが獲得免疫だ。その中で、がんとの関わりが深い免疫細胞がT細胞である。

T細胞の仲間には、細胞そのものを殺す働きをするキラーT細胞がある。NK細胞のようにウイルスに感染した細胞や、がん細胞を殺すのが仕事だ。

体内に侵入してきた異物を排除するという意味では共通の働きをする自然免疫と獲得免疫だが、「どうやって異物を認識しているのか」に大きな違いがある。

自然免疫は、異物の抗原を大まかなパターンとして認識している。異物かそうでないのかのみを判別するようなイメージだ。一方で、T細胞など獲得免疫を担う細胞にはもともと、数十万種類もの抗原を見分ける能力が備わっている。そのため、樹状細胞から提示されるさまざまな抗原にぴったり合う、強力な防御作用を発動できるのだ。

免疫の働きを利用したがんの治療は、基本的には獲得免疫のメカニズムを応用しようとしている。

　がん細胞は、細胞に遺伝子変異が蓄積されていったものだ。もともとは自己の正常細胞だったため、異物であると区別がつきにくい場合がある。そのため、獲得免疫が異物を精緻に認識して、キラーT細胞がその細胞を殺す能力を活用することによって、治療に役立てられないか、ということなのだ。

　こうした免疫の働きとがんの関係は、「がん免疫サイクル」として知られている。現在進められている「がん免疫療法」の薬の開発は、このサイクル上のどこかの反応を強めたり、サポートしたりすることを、試みるものだ。

　その1つが「がんワクチン」だ。一般的には、ワクチンは感染症の予防に使われるもの。それに対し、がんワクチンは治療用だ。感染症ワクチンのように直接、がんの抗原のみを投与することによってがんに対する免疫反応を人工的に起こさせようという試みだ。

がん免疫サイクルではT細胞が重要

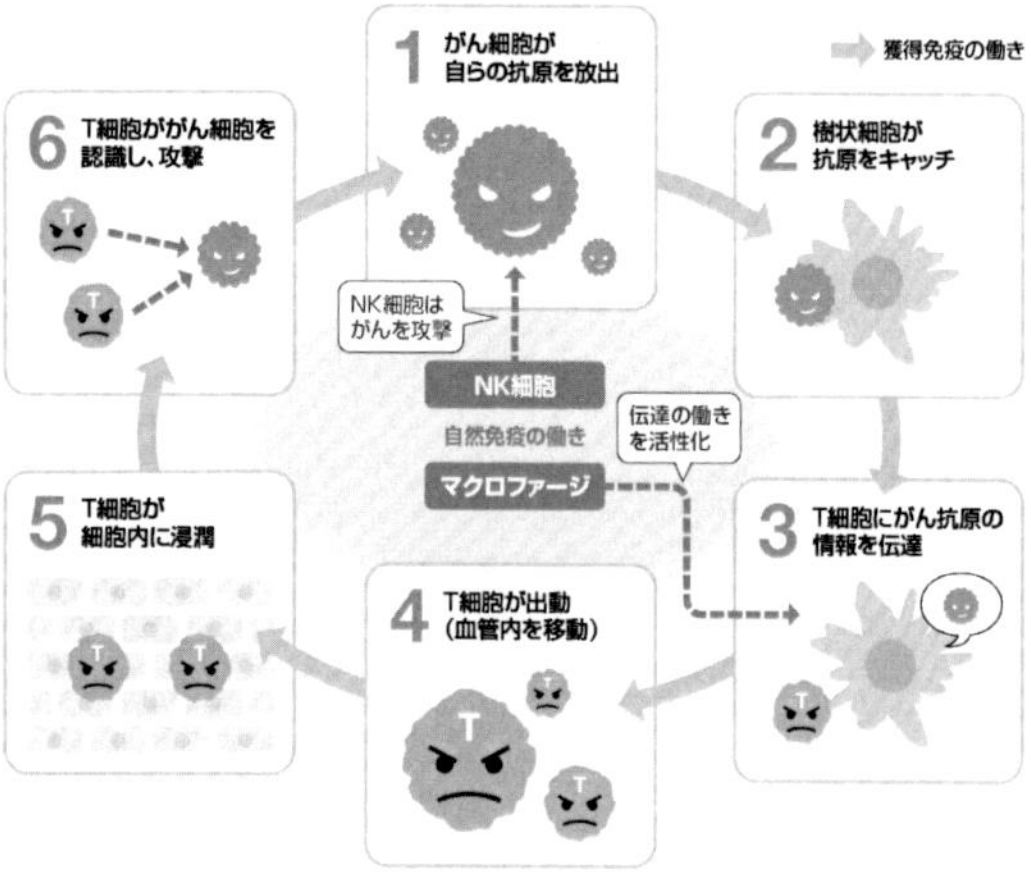

獲得免疫の働き
1 がん細胞が自らの抗原を放出
2 樹状細胞が抗原をキャッチ
3 T細胞にがん抗原の情報を伝達
4 T細胞が出動（血管内を移動）
5 T細胞が細胞内に浸潤
6 T細胞ががん細胞を認識し、攻撃
NK細胞はがんを攻撃
NK細胞
自然免疫の働き
伝達の働きを活性化
マクロファージ

がん免疫サイクル上でいえば先の図の2から3の働きのサポートに当たる。

がんワクチンは感染症薬大手の塩野義製薬などが開発を進めているものの、国内で承認された薬剤はまだない。ワクチンとして投与されたがん抗原を、樹状細胞がうまくT細胞に提示できるかどうかなど検証すべき課題は多い。

1970年代から試されてきたような「がん免疫療法」は、単にT細胞などを血液中から取り出し、増やしたり強化したりした後に体内に戻すといった治療法だった。

一方、この「T細胞を強化する」という発想の中でも唯一、有効性が認められて保険が適用されている免疫療法がある。スイスのノバルティスが開発した「キムリア」に使われている「CAR－T（カーティー）細胞療法」だ。患者から取り出したT細胞をただ増やすのではなく、遺伝子工学的に改変することによって、がんに結合して攻撃できるCAR－T細胞につくり替えて体内に戻す治療法だ。免疫サイクルの中では、6の働きを強化するイメージになる。

現在は難治性の一部のリンパ腫や白血病など、血液がんのみの適応。がんの大部分を占める臓器にできるがんへの適応も研究されているものの、投与したCAR－T細胞を血管からがん組織まで届ける技術などの課題が多く、まだ実現には至っていない。

がんワクチンやCAR－T細胞療法は、T細胞の攻撃力を高めるためのアクセルを踏んでがんを治療するという発想。一方で、がん細胞がT細胞にかけているブレーキを解除して攻撃できるようにする「免疫チェックポイント阻害薬」による治療法は、すでにさまざまながん種で実用化されている。

T細胞にある分子「PD－1」の発見によって、がん細胞はこの分子に結合することによってT細胞の攻撃から逃れるためのブレーキをかけていることがわかった。免疫チェックポイント阻害薬はこのPD－1の働きを阻害し、T細胞本来の働きを取り戻させることによってがんを治療する。

だが患者によって免疫反応の差が大きく、効果が不十分な場合も多い。PD－1以外にも免疫チェックポイント分子は見つかっており、阻害薬の開発が進められている。

夜にメンテナンスされる

ヒトに備わっている免疫の働きは、これまで述べてきたようにがんとの関わりが深い。同時に、免疫の働きは食事などの生活習慣や外部環境の影響を受けることがわかっている。そして、免疫細胞や機能は夜間にメンテナンスされる。

人間には体内時計が備わっており、1日の「概日リズム」をつくり出している。この概日リズムが、ホルモンの分泌や細胞の再生などを行う時間帯を大まかに決めている。「免疫に関係する白血球やリンパ球の量は21時から23時にかけて最大になるため、概日リズムが乱れると免疫機能に悪影響が出てくると考えられる」(中部大学生命健康科学研究所・宮崎総一郎特任教授)。

この概日リズムの混乱が、がんの発症と関係しているという研究がある。約1・4万人の男性を対象に行われた大規模な追跡調査では、日勤の労働者に比べて、勤務時間帯にばらつきがある交代勤務者のほうが、前立腺がんを発症するリスクが高かったのだ。

研究は、「交代勤務は前立腺がんの危険因子だ」と結論づけている。ほかにも、乳がんや大腸がんでも同様に交代勤務では発症リスクが高くなるという研究がある。これらの研究では、ホルモンの一種である「メラトニン」の分泌量が減少した影響が大きいのではないか、と指摘されている。

睡眠ホルモンとも呼ばれるメラトニンは、日中は分泌レベルが低い。21時ごろから活発になった分泌は夜中にピークに達し、明け方に下がっていく。

「メラトニンには催眠作用などに加え、抗がん作用があるといわれている」(宮崎特任教授)。免疫システムの一部に働きかけてT細胞を活性化させるなどの作用があるという。メラトニンは夜間に光を浴び続けると分泌量が下がることがわかっており、概日リズムの変化の影響を受けやすい。

もっとも、短期的には、睡眠不足や概日リズムの狂いによる免疫の働きの低下は、感染症へのかかりやすさになって表れる。一般的な風邪の原因であるライノウイルスを人為的に投与した研究がある。被験者に、するとするとと睡眠時間が5時間未満の群では、7時間以上の群の倍以上の割合で、風邪を発症しやすかった。

この結果は、実験前に持っていたウイルス抗体のレベル、健康を維持するための習慣などとは無関係だった。睡眠や生活リズムを整えることは、免疫機能の維持には必須の要因だといえる。

免疫細胞は夜間に整備される

―体内時計と免疫機能の関係―

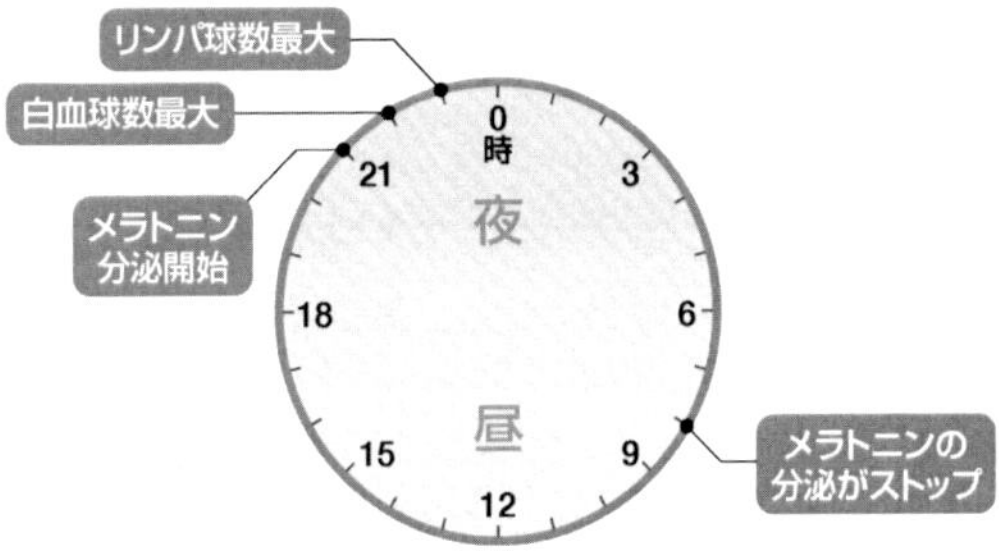

睡眠不足は免疫に悪影響

―睡眠時間と風邪の罹患率―

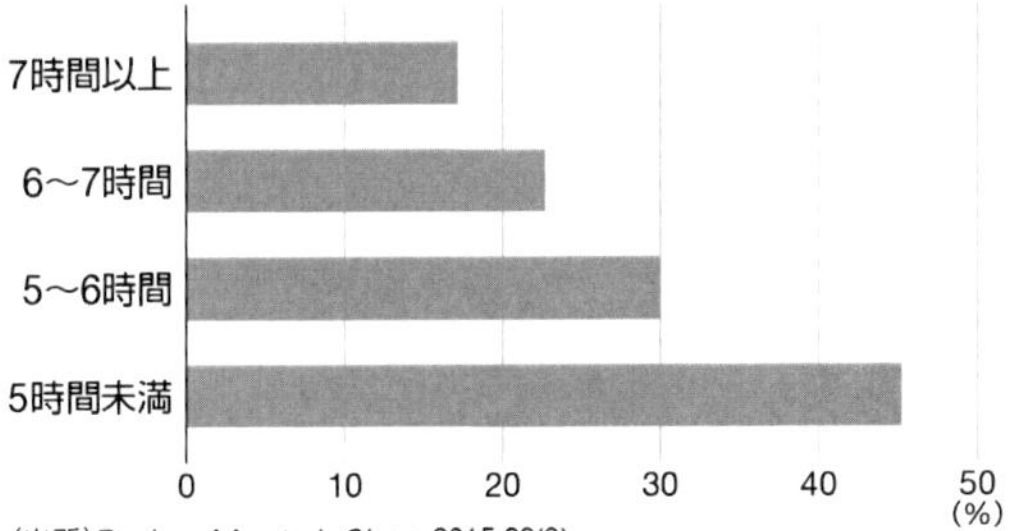

（出所）Prather AA, et al. *Sleep.* 2015;38(9)

運動習慣も免疫を左右

さらに、運動習慣も免疫の働きには影響を及ぼすといわれている。激しい運動をすると働きが低下することがわかっているのだ。

とくに、有酸素運動は免疫の働きに影響しやすい。限界の8割程度で1時間続くような激しい運動を行うと、がん細胞を攻撃するNK細胞の量や活性が低下することがわかっている。さらに、感染症を防ぐ役割がある唾液中の抗体やT細胞など、獲得免疫の働きも抑えられてしまう。

だが一方で「適度な運動を行う習慣で、免疫の働きを維持・回復させることができる。限界の6割ほどの『心地いい』から『少しきつい』くらいの感覚の強度の運動を週に2～3回行うのが適切だ」と、国立スポーツ科学センターの枝伸彦研究員は話す。

70歳代の高齢者を対象にした研究がある。1日の歩数が平均3000歩の群から1万歩以上の群までのいくつかに分けると、唾液中に含まれる抗体の量で測った免疫の働きは、平均7000歩の群で最も活性化されていた。

こうした研究からわかることは、免疫の働きを維持するためには、適切な睡眠や運動が必要だということ。日常生活から意識しておきたい。

（石阪友貴）

NK細胞活性化で免疫力を維持

順天堂大学医学部　特任教授・奥村　康

健康な人は、免疫機能をすでに十分高い状態で維持している。一般に「免疫力を上げる」というが、もしそうしようとすれば、熱が出たり関節が痛くなったりと悪い症状が出る。だから免疫は上げようとするのではなく、いかに下げないかが重要だ。

免疫システムには、1度戦った細菌やウイルスなどの敵を覚えて、2度目以降はその敵を素早く撃退する「獲得免疫」と呼ばれる機能がある。非常に強力で、若いときに獲得した免疫はどんなに年を取っても基本的には維持される。放射線や抗がん剤でのがん治療、HIV（エイズウイルス）への感染など特殊な事情を除いてめったに能力が下がることはない。

がん細胞の撃退では、こうした獲得免疫に加えて、ＮＫ（ナチュラルキラー）細胞も重要な役割を担っている。

人間は、１日に１兆個もの細胞を生み出している。１兆個も細胞を作ると、コピーミス、つまり遺伝子異常という意味で正常ではない細胞が生まれてしまう。そうした細胞は１日に５０００個から７０００個できるといわれている。１兆という数字を考えれば非常に少ない割合だが、それらががん細胞だ。放っておくとどんどん増殖してがんになってしまう。

健康な人の体内でそのがん細胞がどんどん増えていかないのは、増殖する前にＮＫ細胞が見つけ出して殺しているから。獲得免疫が強力な軍隊だとすれば、ＮＫ細胞はつねにパトロール、取り締まりをしている警察のような細胞である。ＮＫ細胞がない動物は、がんの発症率が非常に高い。ＮＫ活性が低い人はがん発症率が高くなるという、大規模な研究結果もある。

だが厄介なのは、安定していて強力な獲得免疫とは違いＮＫ細胞の活性は弱まることがあるのだ。高齢になるほどＮＫ活性は弱まるが、生活習慣にも大きく影響されることがわかっている。

1つは、生活のリズムだ。NK活性は昼間に高くなり、夜に低くなる。徹夜をするなど、睡眠のリズムが崩れると活性が下がる。若ければすぐに回復するのだが、中高年になると一度下がった活性が戻りづらくなるので注意が必要だ。昼夜の生活リズムがでたらめだった昔の長距離トラック運転手には、NK活性が低い人が多かった。

もう1つは、精神・神経の動き。コルチゾールなどのストレスホルモンを通じて、活性が下がってしまう。例えば高校生でも、期末試験の前など逃げようのないネガティブなストレスにさらされると悪影響がある。動物実験では、暗くて狭い所に長時間閉じ込めると、NK活性が下がるという研究もある。

また、食生活も影響していて、乳酸菌を摂取するとNK活性が維持されるというデータがある。腸内など消化器系にあるNK細胞に適度な刺激を与えることによって活性化できるのではないか、と考えられている。ほかに、キノコ類などに含まれるベータグルカンも、NK細胞の働きを維持するのに役立つとみられる。

こうした取り組みがどれだけ直接的にがん予防・治療に影響するのかは試験のしよ

うがないため定かではないが、普段の生活からＮＫ活性を上げるよう意識しても決して悪いことはないだろう。

（構成・石阪友貴）

奥村　康（おくむら・こう）

１９４２年生まれ。８４年から順天堂大学医学部免疫学講座教授。９０年日本免疫学会会長。順天堂大医学部長を経て同学部特任教授。免疫学の権威。ベルツ賞、高松宮賞などを受賞。

「免疫の力は無限に近い、がんは治せる病気になる」

京都大学特別教授・本庶　佑

がん細胞は、免疫細胞からの攻撃を逃れることで増殖を続ける。免疫の働きのブレーキ役になるのが、PD－1という分子だ。本庶佑教授は免疫チェックポイントと呼ばれるこの分子を発見し、その働きを妨げる抗体を治療に応用することで外科手術、放射線治療、化学療法に次ぐ第4のがん治療法を確立させた。

――世界中で免疫チェックポイント阻害薬が開発されています。PD－1発見が、がん治療に与えたインパクトをどう捉えていますか。

免疫チェックポイント阻害薬が登場するまでのがん治療には、外科手術を除けば放射線治療と化学療法の2種類があった。これらの治療法との大きな違いは、抗PD－1抗体では完治割合が上がったこと。また、投与をやめるとすぐにがんが大きくなるこれまでの治療法と比べて、効果が長く続くことも異なる。がん細胞が免疫細胞にかけているブレーキを外すという仕組みを応用すれば、1つの薬剤であるのに、原理的にはすべてのがんに適用が拡大されることも十分に考えられる。

がん治療薬の開発では、抗PD－1抗体とほかの薬剤を組み合わせて薬効を高める臨床試験（治験）が圧倒的に主流になっている。この流行が、短くてもあと4～5年は続くだろう。免疫制御によるがん治療は、免疫チェックポイント分子を外しては考えられなくなった。

――「PD－1の発見は偶然だった」と説明しています。この分子の発見とがん治療は、どうつながったのでしょうか。

免疫の仕組みを応用することによってがんの治療ができるのでは、という考えは1970年代からあった。臓器移植の際に免疫の働きを抑制するとがんの発症率が上がることや、免疫の働きを破壊すると、マウスでもがんが発症しやすくなることはわかっていたからだ。私自身、がんで亡くなった友人がいたこともあり、自分の研究を人の命を救うことに役立てたいという気持ちは持っていた。

だからＰＤ－１が免疫の働きのブレーキ役になる分子だとわかったときには、がん治療に応用できるはずだと思った。一方で、治験の当初は、医師は患者を参加させたがらなかった。単に免疫細胞の数を増やしたり強化したりする従来の免疫療法は、山のように失敗してきていたからだ。だが阻害薬はコンセプトそのものが従来の免疫療法とは違う。２０１２年あたりから怒涛のごとくよいデータが出てきたことで、１４年の「オプジーボ」の承認につながった。

――免疫チェックポイント阻害薬は効く人と効かない人が分かれることが課題になっています。

がんの種類によって薬剤が効いたり効かなかったりするのではない。最も大きい要因は、ヒトの免疫には個人ごとに非常に大きなばらつきがあるということだ。

今回の新型コロナウイルスもそうであるように、同じウイルスに感染しても極端に重症化する人と無症状の人がいる。免疫の個体差は非常に大きい。ウイルスと同じように、がん細胞への反応も違ってくるのは当然だ。その点、免疫療法はまだ完璧なものではない。まだまだ改良を進めていかなければならない。ただ免疫は効きすぎてしまうと副作用の自己免疫疾患を起こすことになる。副作用もコントロールしながら開発や治療を進めていけるかが課題になる。

——今後の改善の可能性をどう考えていますか。

楽観的にみている。もちろん、5年や10年ですべての課題が解決されはしないだろうが、遅くとも今世紀の後半には、がんは不治の病ではなくなるはずだ。慢性的な病気として、治療によってある程度共存できる状態にまで落とし込める可能性がある。

免疫の力のポテンシャルは無限に近い。免疫チェックポイント分子の発見という大きな壁を越えたとはいえ、その力の限界は見えず、逆にほんのわずかなことしかわかっていない。免疫の仕組みをさらに解明していくことで、効果が出る人の割合を上げ、副作用のコントロールもしやすくなるはずだ。阻害薬をより強力で、安全な治療にできるポテンシャルは十分ある。

――免疫の働きを活用して、PD－1以外の分子に着目したさまざまな薬剤が開発されています。

企業や研究者がいろいろな可能性を追求しているという状況だ。何かよい結果が出るのをじっと待つしかない。

生命科学というのは、ロケット工学のようにどうやって小惑星から石を取ってくるか、というような事業とは全然違う。複雑性が桁違いに大きく、事前に結果を予想することは難しい。可能性は大きい一方で、不確実性も高い。

――一方で、承認されていない「がん免疫療法」を自由診療で行うクリニックも多くあります。

何十年も前から広く臨床試験が行われてきて、有効性を支持するデータは結局得られていないから承認されていないのだ。効くことが長きにわたって証明できなかったものは効かないことが証明されているのに限りなく近い。

医師には裁量権があり法律違反ではないが、高額な治療費を請求するのははたして裁量権の範疇なのか。極論すれば詐欺に近い。

——オプジーボの特許料をめぐって、小野薬品工業を提訴しました。

日本では、大学などのアカデミアと産業界の関係がお互いにウィンウィンになっていない。小野薬品と私の関係は、日本の現状の1つの典型例だ。

米国では、治療薬の特許など生命科学関係の特許料が大学の収入として大きなウェートを占めていて、大学の運営が順調にいっている。だが日本では特許料収入が圧倒的に少ない。産業界がアカデミアの知を使った大きな製品を出して、生まれた利益をアカデミアに還元してさらに新しい知を生み出す、というポジティブサイクルが成り立っていない。産業界には、アカデミアがお金を使わずに頭の中で生み出した知的財産のことをタダ同然に安く考え、わずかなリターンしか提供しない悪い慣習がある。

今回の場合、特許料は実額ではなく売上高に応じた比率での契約だ。小野薬品が主張する、企業側が開発リスクを取ったから特許料率が低くてよい、というのは単なる詭弁にすぎない。

オプジーボの特許料のようなまとまったリターンは、何十年に1度のこと。こんなチャンスはめったにない。この機会を逃してリターンがアカデミアに還元されないとなると、次の世代を育てることができなくなってしまう。私個人の問題ではない。アカデミアの将来の問題だ。そうした使命感を持って、最後まで主張を貫きたい。

（聞き手・石阪友貴）

本庶　佑（ほんじょ・たすく）
1942年生まれ。66年京都大学医学部卒業。米カーネギー研究所客員研究員、米国立衛生研究所客員研究員、京都大学医学部長などを経て2017年から現職。PD－1の発見者。ロベルト・コッホ賞、文化勲章など受賞・受章多数。18年にノーベル生理学・医学賞受賞。

【週刊東洋経済】

本書は、東洋経済新報社『週刊東洋経済』2020年9月5日号より抜粋、加筆修正のうえ制作しています。この記事が完全収録された底本をはじめ、雑誌バックナンバーは小社ホームページからもお求めいただけます。

小社では、『週刊東洋経済eビジネス新書』シリーズをはじめ、このほかにも多数の電子書籍ラインナップをそろえております。ぜひストアにて「東洋経済」で検索してみてください。

『週刊東洋経済eビジネス新書』シリーズ

No.327 中国 危うい超大国

No.328 子どもの命を守る

No.329 読解力を鍛える

No.330 決算書&ファイナンス入門

No.331 介護大全

No.332　ビジネスに効く健康法
No.333　新幹線 vs. エアライン
No.334　日本史における天皇
No.335　EC覇権バトル
No.336　検証！ NHKの正体
No.337　強い理系大学
No.338　世界史&宗教のツボ
No.339　MARCH大解剖
No.340　病院が壊れる
No.341　就職氷河期を救え！
No.342　衝撃！ 住めない街
No.343　クスリの罠・医療の闇
No.344　船・港　海の経済学
No.345　資産運用マニュアル

No.346　マンションのリアル
No.347　三菱今昔　150年目の名門財閥
No.348　民法&労働法　大改正
No.349　アクティビスト　牙むく株主
No.350　名門大学　シン・序列
No.351　電機の試練
No.352　コロナ時代の不動産
No.353　変わり始めた銀行
No.354　脱炭素　待ったなし
No.355　独習　教養をみがく
No.356　鉄道・航空の惨状

週刊東洋経済eビジネス新書　No.357
がん治療の正解

【本誌（底本）】
編集局　長谷川　隆、風間直樹、井艸恵美、石阪友貴
デザイン　熊谷真美、杉山未記、佐藤優子
進行管理　下村　恵
発行日　２０２０年９月５日

【電子版】
編集制作　塚田由紀夫、長谷川　隆
デザイン　市川和代
制作協力　丸井工文社
発行日　２０２１年２月１５日　Ver.1

発行所　〒103-8345
東京都中央区日本橋本石町1-2-1
東洋経済新報社
電話　東洋経済コールセンター
03（6386）1040
https://toyokeizai.net/
発行人　駒橋憲一

電子書籍化に際しては、仕様上の都合などにより適宜編集を加えています。登場人物に関する情報、価格、為替レートなどは、特に記載のない限り底本編集当時のものです。一部の漢字を簡易慣用字体やかなで表記している場合があります。本書は縦書きでレイアウトしています。ご覧になる機種により表示に差が生じることがあります。

※本刊行物は、電子書籍版に基づいてプリントオンデマンド版として作成されたものです。